*Investindo sem mistério: como proteger seu dinheiro e multiplicar seu patrimônio*

*Marcelo Cunha de Araújo*

*Tudo sobre investimentos em um só lugar*

*Linguagem fácil, direta e objetiva*

*Passo a passo para começar a investir e implementar uma rotina de investimentos por conta própria*

*Aprenda sobre todos os principais produtos financeiros: Tesouro Direto, CDBs, LCIs, LCAs, Poupança, Debêntures, Ações, ETFs, FIIs, PGBLs, VGBLs, Fundos de Investimentos, Imóveis, Moedas, Ouro, etc.*

*Possibilidade de tirar as dúvidas pela internet*

Araujo, Marcelo Cunha de, 1975-

Investindo sem mistério: como proteger seu dinheiro e multiplicar seu patrimônio/ Marcelo Cunha de Araújo. – 1. ed. – Edição digital atualizada permanentemente

1. Investimentos. 2. Educação Financeira.
3. Produtos de Investimentos. 4. Como começar a investir.

Educação Financeira; Investimentos; Renda Fixa; Renda Variável; Aposentadoria; Independência Financeira; Imóveis; Dólar; Ouro; Método de construção do patrimônio

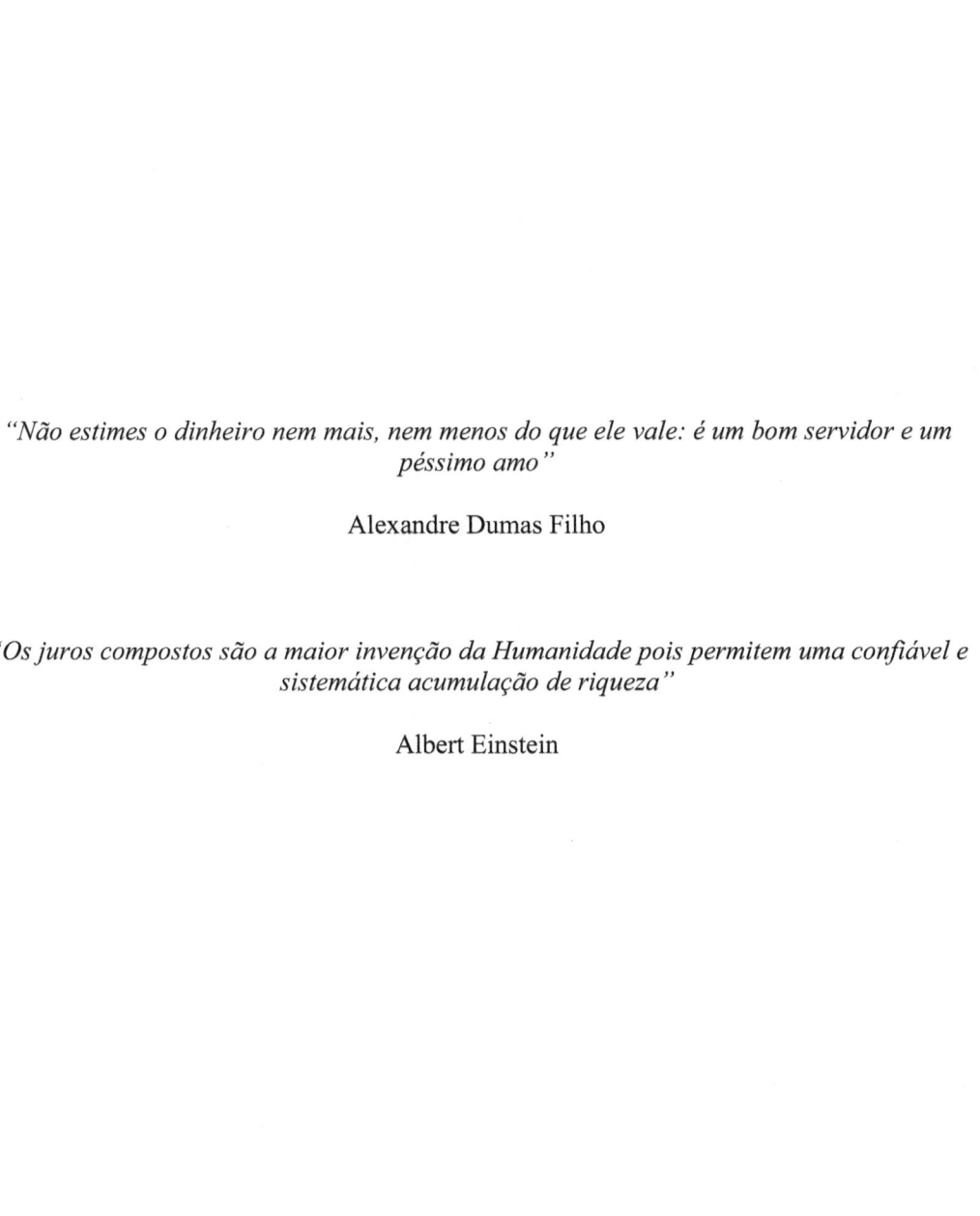

*"Não estimes o dinheiro nem mais, nem menos do que ele vale: é um bom servidor e um péssimo amo"*

Alexandre Dumas Filho

*"Os juros compostos são a maior invenção da Humanidade pois permitem uma confiável e sistemática acumulação de riqueza"*

Albert Einstein

## DEDICATÓRIA

Dedico o livro a todos aqueles que têm dificuldades em realizar bons investimentos porque consideram as informações disponíveis muito esparsas, complicadas ou extensas demais para a dedicação de quem já trabalha durante todo o dia.

Esse livro pode mudar sua vida e seu futuro financeiro!

**O Autor**

## O AUTOR

## MARCELO CUNHA DE ARAÚJO

- Mestre e Doutor em Direito, formado em Direito, Psicologia e Engenharia Mecânica. Tem experiência no Brasil e no exterior na área financeira, bancária e de seguros. Autor do site www.investindosemmisterio.com.br . Contato para palestras e cursos: investindosemmisterio@gmail.com

*"Não acumulem para vocês tesouros na terra, onde a traça e a ferrugem destroem e onde os ladrões arrombam e furtam. Mas acumulem para vocês tesouros nos céus, onde a traça e a ferrugem não destroem e onde os ladrões não arrombam nem furtam. Pois onde estiver o seu tesouro, aí também estará o seu coração".*

Mateus 6:19-21.

*"De que serve o dinheiro na mão do tolo, já que ele não quer obter sabedoria?"*

Provérbios 17:16

# Conteúdo

# Capítulo 1: Investir ou não investir, eis a questão

Muitas pessoas com quem converso não investem. Outras pessoas pensam que investem, mas, na verdade, não investem. São pessoas do mais variado nível sócio-econômico e educacional que deixam se levar pelas mais variadas justificativas para não investir.

As desculpas são várias: o assunto é chato; complicado; exige matemática avançada; falta de tempo; falta de paciência, entre outros.

O que sempre respondo é que a dedicação que se precisa ter para se conhecer satisfatoriamente os investimentos é mínima – sempre menor que se imagina – e o trabalho que eles demandam também é quase insignificante.

Quanto à percepção de que se trata de um assunto chato, talvez seja assim por ainda não haver um conhecimento sobre o tema – o que faz com que tudo pareça aleatório e complicado. Após algum tempo se familiarizando com os investimentos e, principalmente, verificando o dinheiro se multiplicar sem qualquer esforço, a maioria das pessoas muda de opinião.

Mas a grande verdade é que o assunto de investimentos – independentemente de preconceitos anteriores ou de preferências pessoais – é um assunto sério. **Trata-se da única maneira de se garantir uma vida saudável e um futuro próspero ao trabalhador e à sua família**. Dessa forma, deve ser tratado com o mesmo respeito e seriedade que todos tratam suas profissões.

Assim, caso você queira conhecer os investimentos de uma forma direta, objetiva, simplificada e, porque não, interessante, fica o convite à leitura desse livro.

**Meu compromisso é trazer o assunto de uma forma fácil e rápida. De forma que você consiga tomar suas decisões de maneira totalmente segura e consciente**.

Acho importante, ainda, chamar a atenção para uma questão fundamental. Muitos leitores do site www.investindosemmisterio.com.br e mesmo amigos meus do convívio pessoal possuem informações excelentes e conhecem sobre muitos dos produtos financeiros que serão aqui analisados. Eles, entretanto, têm uma vida financeira totalmente desequilibrada e vivem sem colocar em prática os conhecimentos que já possuem. Assim, mais importante do que entender as diferentes informações que serão aqui expostas, é colocá-las em prática.

Na verdade, existem inúmeros estudos que demonstram que, na seara da educação financeira e dos investimentos pessoais há um verdadeiro abismo entre o saber e a prática. Nem sempre o conhecimento se transforma em ação e essa é, no frigir dos ovos, a real e significante diferença. **De nada adiantará saber tudo o que está nesse livro – e até muito mais – se, na hora de se transformar a informação em efetiva rotina, o investidor não agir**.

Logo, a mensagem inicial é a de que esse livro pode transformar a vida dos leitores numa relação mais saudável com o dinheiro. Para tanto, o investidor deve estar motivado a angariar os conhecimentos aqui expostos. Mas não pode parar por aí. Deve estar muito entusiasmado em começar a colocar em prática os ensinamentos aqui propostos em seu dia a dia e não se deixar abalar pelas dificuldades – que certamente virão.

**Quando o leitor se sentir desmotivado, fica a dica do autor para comparecer à nossa página do Facebook ([www.facebook.com/investindosemmisterio](www.facebook.com/investindosemmisterio)) e nosso grupo fechado de discussão ([www.facebook.com/groups/investindosemmisterio](www.facebook.com/groups/investindosemmisterio)) para uma injeção de ânimo!** *A escolha de uma vida financeira estável e próspera é dura, longa e realizada dia após dia. Os frutos, entretanto, valem muito a pena não apenas para nós, mas para todos que amamos!*

## Qual o objetivo de investir e, assim, formar um patrimônio?

Muitas pessoas jamais se fizeram essa pergunta – que é uma das mais importantes da vida. Apesar de existirem diversas respostas individuais, na verdade existe apenas um motivo para se investir e constituir patrimônio: *ser completamente livre.*

Quando se trabalha, você, em certo modo, é escravo do seu emprego pois precisa dele para continuar a comer, morar, sair, passear, viajar, etc. – enfim, viver. À medida que começa a investir, você irá notar que parte dos seus ganhos virão de seu salário e parte de seus investimentos. Acho interessante que essa é uma forma bem atraente de se enxergar os investimentos: como um negócio aparte de seu negócio principal que te permite ganhar uma renda extra. Seria exatamente como abrir uma padaria ou uma academia de ginástica além de seu emprego principal. A maior diferença é que esse "negócio" de investir não toma tanto tempo e tem menos riscos do que abrir e gerenciar uma empresa.

Quando perceber que, em determinado momento, você está ganhando mais com seus investimentos do que com o seu trabalho, você já pode se considerar, de certa forma, uma pessoa livre – já que poderia, na teoria, deixar seu trabalho e continuar a receber o suficiente para se manter.

Ocorre que a questão não acaba por aqui. Uma vez que temos a inflação e incertezas em relação ao que o seus investimentos poderão gerar no futuro, existe a necessidade de se acumular um patrimônio suficiente para cobrir todas as suas despesas mensais, eventualidades do futuro e a inflação. Essa conta não tem matemática certa. Relaciona-se com suas despesas mensais mais uma parcela de reivestimento.

Agora vamos dar um exemplo do que isso pode ser considerado em um caso concreto. Para que você faça suas contas, leve em consideração que, na velhice, possivelmente terá mais despesas que agora e, também, deverá pensar em taxas de rendimentos conservadoras para realizar seu planejamento.

Suponha que você tenha como despesas mensais aproximadamente R$6.000,00 e seu salário seja de R$8.000,00. Para se considerar alguém livre financeiramente, seus investimentos, em média, teriam que estar rendendo – sem você fazer nada – R$8.000,00.

Ocorre que, se você parasse de trabalhar agora, não teria mais os R$2.000,00 mensais para investir e sacaria de seus investimentos todo mês os R$6.000,00 das despesas – o que, dependendo do montante total, acabaria por diminuir mês a mês seus rendimentos. Assim, caso pensemos em investimentos que estejam rendendo aproximadamente R$12.000,00 por mês, teríamos a possibilidade de sacar a quantia necessária ao pagamento das despesas mensais (R$6000,00) e os outros R$6.000,00 seriam reinvestidos no patrimônio total para evitar sua diminuição pela inflação, conservação (muito comum em imóveis de aluguel) ou mesmo permitir saques maiores em eventualidades.

Para um rendimento mensal de R$12.000,00, teríamos como patrimônio total os seguintes valores e taxas: para R$1 milhão de patrimônio total, rendimentos de 1,2% ao mês; R$2 milhões, rendimentos de 0,6% ao mês; R$3 milhões, 0,4% ao mês.

*Assim, a aposentadoria seria, independentemente da idade, o momento em que você conseguisse o dobro de suas despesas mensais como rendimento de seus investimentos.* Nesse instante, você pode continuar trabalhando apenas porque gosta do que faz – ou alçar voos diferentes na direção que o seu coração mandar. Essa é a única forma de se livrar da escravidão do trabalho e garantir sua própria tranquilidade no futuro. Depender do governo ou da família na velhice é o que devemos evitar a todo custo.

*Outros motivos para acumular patrimônio apontados pelas pessoas são: garantir a educação dos filhos, assegurar a tranquilidade da família em caso de falecimento, viajar, aproveitar a vida, consumir objetos caros e exclusivos, etc. Todas essas motivações são compatíveis e, na verdade, individualizações da motivação básica que é a liberdade financeira total.*

**Aproveite o momento e pare para pensar: o que você faria se fosse completamente livre financeiramente? Continuaria a trabalhar ou empreenderia novos projetos? Teria mais tempo para sua família? Viajaria mais? Estaria menos estressado? Em verdade, tudo se resume a assumir o controle financeiro de sua vida e os reflexos inafastáveis desse controle se estenderão por todos os campos de sua vida e de seus familiares.**

## Luxo e ostentação valem a pena? Ativos e passivos em finanças pessoais: uma noção imprescindível para você fazer escolhas conscientes.

A sacada mais interessante do livro mais famoso sobre educação financeira e finanças pessoais, "Pai rico, pai pobre" de Robert Kiyosak, foi a explicitação de que o conceito de ativo e de passivo para as finanças pessoais é diferente da noção da contabilidade para esses termos.

Segundo a contabilidade, ativo é todo bem ou direito de alguém, enquanto as obrigações compõem o passivo dessa pessoa.

**Para as finanças pessoais, entretanto, ativo é tudo aquilo que coloca dinheiro no seu bolso, ou seja, gera um fluxo de caixa positivo para você** (dinheiro entrando na sua conta – como os investimentos, um negócio, seu trabalho, etc.). **Passivo, por sua vez, é tudo aquilo que tira dinheiro de seu bolso (como uma conta ou uma dívida).** *Logo, vemos que vários bens que a contabilidade encara como ativos são, na verdade, passivos para as finanças pessoais.* Um imóvel para lazer, como, por exemplo, um sítio que não é alugado, seria considerado um ativo para a contabilidade (já que é um bem que pode ser vendido e integra seu patrimônio), mas será um passivo para as finanças pessoais (pois ele gerará despesas periódicas como impostos, custo de manutenção e custo de oportunidade - que é o quanto você poderia estar ganhando se investisse o valor do sítio).

Se uma pessoa consegue entender muito bem essa diferença terá todas as condições de não se envolver em *uma das maiores armadilhas da vida: a ascensão social e a explosão do endividamento.*

Muitas vezes, quando começamos nossa vida profissional, ganhamos pouco e temos gastos bem controlados. Ao nos desenvolvermos em nossas carreiras, passamos a ganhar mais e, assim, ter acesso a certos luxos que antes não cogitávamos. Quais desses mimos podemos nos dar (até porque trabalhamos duro para conseguir a evolução em nossa profissão)?

**De uma forma geral e simples, devemos sempre nos afastar dos passivos e tentar gerar mais ativos em nossos patrimônios.**

Nessa linha, fazer a viagem dos sonhos significa uma despesa única, enquanto comprar um carro, como veremos abaixo, constitui uma fonte de despesas constante. Da mesma forma, os luxos que geram despesas periódicas (como quotas de clubes, sítios, casas de campo ou de praia, celulares, contratação de funcionários domésticos, etc.) são verdadeiros passivos consumidores de sua renda – apesar de poderem ser considerados ativos para a contabilidade.

Breve parênteses para explicitar nosso ponto.

*Você sabe quanto você perde, por ano, por ter um carro? Você vai se surpreender!!!*

Você já parou para pensar no **custo anual de um carro de preço aproximado R$50.000,00**? Verifique na tabela abaixo que é bem razoável supor gastos da ordem de 40% do valor do automóvel, por ano – sendo que esse percentual não varia muito em comparação com veículos de outros valores.

| Despesa por ano: | valores estimados: |
|---|---|
| IPVA, Seguro Obrigatório e outras taxas: | R$ 2.000,00 |
| Seguro automotivo: | R$ 1.500,00 |
| Manutenção (troca de óleo, pneus, pastilhas de freio, revisões, | R$ 2.000,00 |

| | |
|---|---|
| etc.) | |
| Depreciação (perda de valor de mercado anual) | R$ 5.000,00 |
| Custo de oportunidade (quanto você poderia ganhar se investisse o valor do carro em um investimento conservador) | R$ 6.500,00 |
| Gasolina e conservação (lavar o carro, pequenos arranhões, multas, etc.) | R$ 3.000,00 |
| Total: | R$ 20.000,00 |

Assim, conforme a necessidade de acumulação de patrimônio ou de redução de despesas, pode valer a pena abdicar desse passivo em prol de um futuro mais tranquilo. Agora, caso você decida ter um carro, sempre deve escolher aquele que atenda às suas necessidades e custe o mínimo possível para evitar esse grande gasto associado. **Não se engane: carro não é investimento, é pura despesa!**

Voltando à questão geral dos ativos e passivos, é muito comum vermos algum conhecido que sabemos que tem rendimentos muito superiores aos nossos e que, por outro lado, está totalmente endividado e sem patrimônio. Para os que dizem que não entendem como fulano que ganha tanto consegue ficar endividado a resposta é simples: essa pessoa não sabe a **diferença entre ativo e passivo para as finanças pessoais.**

Cabe registrar aqui que não estou propondo que todos vivam uma vida sem a aquisição de qualquer passivo. O que digo é que, antes de comprar um passivo, devemos ter a clara noção de que ele gerará uma redução periódica e constante de nossa renda livre. Sabendo disso, podemos decidir se ainda vale a pena adquiri-lo ou não. O que vejo na prática, entretanto, é que as pessoas não pensam sobre isso quando estão comprando seu sítio ou trocando seu carro, mas se assustam depois – quando não sobra nada para investir e garantir seu próprio futuro e a educação dos filhos ou mesmo viajar e realizar outros sonhos.

### Não há como investir e formar patrimônio se você tem dívidas.

A primeira coisa que precisa ser dita clara e diretamente é que **você não pode investir se tiver qualquer dívida.** O primeiro passo para investir é estabilizar sua vida financeira e fazer sobrar o dinheiro dos investimentos todos os meses.

O presente livro não trata de finanças pessoais. Dessa forma, vou apenas falar superficialmente sobre o tema com algumas dicas pessoais que funcionam para mim.

**Em primeiro lugar, você deve considerar o dinheiro para seus investimentos como uma conta como outra qualquer que você teria que pagar.** Pela sua experiência, comece com um objetivo realizável e desafiador ao mesmo tempo para investir mensalmente. Por exemplo, caso você perceba que está "sobrando" aproximadamente R$500,00 por mês para investir, no início do próximo mês realize um investimento de R$600,00 com uma segunda meta de ainda sobrar algum dinheiro ao fim do mês e incrementar esse valor inicial.

Além disso, como disse, **faça o investimento no início do mês** e faça de tudo para conseguir chegar ao fim do mês sem sacar de sua reserva de emergência (falaremos sobre a reserva de emergência mais tarde). Com isso, vá aumentando o valor mensal de investimentos até chegar a um valor razoável (no mínimo 30% dos seu salário). **Você verá que, em muito pouco tempo, você estará ganhando mais dinheiro sem fazer nada (a partir dos rendimentos dos seus investimentos) do que trabalhando.** Nesse momento, você poderá dizer que alcançou um grande ponto no caminho rumo à sua independência financeira.

## A reserva de emergência:

**Qualquer pessoa financeiramente estável deve ter uma reserva de emergência.** Como o próprio nome indica, reserva de emergência é um montante guardado por você (normalmente de 12 a 36 meses de despesas mensais – com o mínimo sugerido de R$30mil) que podem ser sacados para a conta corrente, imediatamente, apenas em casos de emergências. Veja bem:

Não são emergências: compra ou troca de carro, viagens, cirurgias estéticas, chegada de um bebê, festas comemorativas, etc. Em suma, todos os valores referentes a eventos importantes para uma vida bem vivida merecem um investimento próprio e planejado e não podem ser retirados da reserva de emergência.

São emergências: desemprego involuntário, situações médicas de urgência, batidas de carro, desabamento ou inundação da residência, etc. Importante notar que se tratam de situações inesperadas e vultosas – daí a necessidade de sua reserva estar sempre líquida (poder ser sacada imediatamente) e intocada.

Antes de fazer sua reserva de emergência não é adequado realizar investimentos. Sugerimos a alocação do dinheiro da reserva de emergência em instrumentos conservadores e de liquidez imediata como o CDBs de grandes bancos; Tesouro Selic; LCA; LCI ou mesmo a poupança (apesar desta ter uma remuneração muito baixa – discutiremos sobre todos esses produtos de investimentos mais tarde no livro).

## Dívidas compatíveis com os investimentos:

Apesar de ter dito inicialmente que não há a possibilidade de investir antes de quitar TODAS as dívidas, em verdade existe uma pequena exceção. Alguns educadores financeiros consideram que a dívida referente à aquisição da casa própria seja interessante – tanto psicológica, como financeiramente.

Note que eu, particularmente, não compartilho dessa opinião por várias razões. Em primeiro lugar, o custo efetivo do financiamento sempre é maior que as taxas anunciadas. Assim, mesmo quando uma pessoa "pensa" que está pagando uma taxa de juros de, por exemplo, 8% ao ano, quando somamos os "custos administrativos", cartorários e seguros embutidos, chegamos facilmente a 9 ou 10% ao ano. Além disso, quando se tem o dinheiro para se pagar o imóvel à vista, consegue-se sempre um belo desconto na negociação. Por fim, na fase da vida em que a maioria das pessoas pensa em adquirir um imóvel próprio (normalmente dos 25 aos 45 anos), as possibilidades de alteração da residência em virtude de necessidades profissionais ou mesmo por dissolução dos casamentos é alta. Assim, penso que o melhor é alugar e poupar com afinco até ter o dinheiro para se comprar o imóvel à vista.

Vale a pena frisar, entretanto, que, caso você decida comprar seu imóvel financiado, **JAMAIS compre um imóvel financiado na planta**. Existe um sem número de casos de grandes, pequenas, médias e mesmo construções por administração que simplesmente não entregam o imóvel confiando na ineficiência da justiça. Assim, não entregue suas economias e seu financiamento na compra de um imóvel se você não puder se mudar imediatamente para ele.

Nesse tópico ainda é importante repetir o que já foi abordado no livro: **CARRO NÃO É INVESTIMENTO**.

Carro é uma despesa em estado puro. Considerando a depreciação, custos de manutenção, seguro, IPVA e outras taxas, lavagem periódica, gasolina, etc. é bem razoável inferir que você gastará de 20 a 30% do valor do carro por ano. Some-se a isso que, se o dinheiro estivesse investido, você ganharia a renda desse investimento. Assim, NUNCA, **JAMAIS, financie um veículo pois, além de pagar juros você irá perder muito dinheiro**.

### Um justo meio entre poupar e viver a vida – a questão do consumismo:

Um dos primeiros obstáculos que as pessoas se colocam para investir é a falsa ideia de que não desejam investir pois querem aproveitar a vida. Essa questão não poderia ser mais falsa.

Na realidade, **apenas aproveita a vida – e toda ela – quem possui independência financeira**. Só quem pode pagar uma viagem de férias sem gerar risco financeiro para sua família verdadeiramente irá aproveitar de todos os benefícios de se viajar e fruir de um tempo fora para se desestressar. De que adianta você fazer uma dívida, pagando normalmente muito mais do que o valor à vista (e os juros) para desfalcar seu patrimônio atual e futuro e gerar uma dor de cabeça que irá durar muito após o passeio? Que tipo de férias são essas?

Em resumo, apenas pode aproveitar plenamente a vida a pessoa que tem tranquilidade gerada por saber que existe uma estabilidade financeira que protege a si, seu futuro e de sua família.

Assim, pessoas extremamente consumistas – aquelas que gastam o que não têm, para comprar coisas que não precisam, visando a impressionar pessoas que não gostam – nunca terão a paz de sentirem-se livres da corrida de ratos. Estarão sempre tentando apagar o último incêndio criado para consumir algo totalmente desnecessário em suas vidas.

Dito isso, fica a mensagem de que **investir não significa deixar de aproveitar a vida, mas eleger prioridades**. Cada pessoa tem seus gostos e hobbies e deve se presentear e sua família com frequência. Basta saber olhar quais presentes são mais interessantes e planejar para que caibam no orçamento.

Uma vez que o presente livro não trata de finanças pessoais, creio que uma mensagem geral basta para transmitir a ideia central de que investir não significa nem ser pão duro e nem girar a roda do consumismo. Tomando como base que o investimento é o pagamento inegociável e mensal que você fará a você mesmo, deve haver um planejamento para gastos de satisfação pessoal – como viagens, trocas de carro, festas, comemorações, roupas, presentes, etc. Caso você sinta a necessidade de se aprofundar em temas de finanças pessoais, existem diversos aplicativos para celular e sites na internet que o auxiliarão a planejar melhor os gastos e, assim, poder aproveitar a vida e investir.

### Não existe pequeno investimento:

Outra questão que merece ser abordada é a falácia de que *"não invisto pois não sobra quase nada por mês"*.

Primeiramente, como já falamos acima, o dinheiro do investimento nunca deve "sobrar" ao fim do mês – pois se você fizer assim ele nunca vai sobrar mesmo. Ele deve ser retirado de seus ganhos no início do mês em uma quantia que seja ao mesmo tempo confortável e desafiadora.

Agora, caso você faça as suas contas e verifique que o que sobra é algo quase que insignificante, **JAMAIS deixe de poupar por achar que é muito pouco**. Investir é um hábito que deve se tornar tão impregnado em sua rotina quanto o desagradável, porém necessário, hábito de pagar suas contas mensais. Ademais, qualquer quantia investida acrescida ao seu patrimônio, quando exposta à mágica impressionante dos juros compostos (juros sobre juros), se transformará em um valor que será muito significativo.

Pessoalmente, muitas vezes caem na minha conta valores abaixo de R$100,00 oriundos de dividendos de ações (forma que as empresas remuneram seus acionistas) ou aluguéis de fundos de investimentos imobiliários (veremos os produtos financeiros mais tarde no livro). Mesmo sendo valores pequenos, faço questão de providenciar sua alocação em investimentos o mais rápido possível para não deixá-los parados na conta sem qualquer rendimento.

Fica a dica: desde que você esteja fazendo o máximo possível para investir, não importa o quanto você poupa, importa, sim, o hábito constante de poupar.

# Poupar é o mesmo que investir?

Muitas pessoas têm a dúvida relativa à diferença entre poupar e investir. Aqui em nosso livro usaremos muitas vezes os termos como sinônimos. Na verdade, o que ocorre é que o instrumento de investimentos *"caderneta de poupança" ou "poupança"* foi, durante muito tempo na história recente do Brasil, tão amplamente usado pela população que, quando se falava em investimentos, pensava-se automaticamente em poupança.

*Hoje o instrumento de investimento "poupança" ainda é muito utilizado – principalmente pelas pessoas mais carentes ou que não têm uma preocupação muito grande em conhecer os investimentos e, assim, formar um patrimônio capaz de garantir a futura independência financeira.* Isso porque *a poupança é um investimento tão ruim que quase não pode ser considerado investimento* – já que nem mesmo ganha da inflação. De fato, poucos são os produtos financeiros piores que a poupança – como os títulos de capitalização (um tipo de sorteio – esses definitivamente não podem ser chamados de investimentos).

Mais adiante, quando estivermos falando de investimentos de renda fixa, falaremos sobre como é calculada a rentabilidade e os riscos da poupança. Por ora, você deve saber que seu objetivo deve ser adquirir conhecimento de outros produtos financeiros (preferencialmente fora de seu banco comercial – também falaremos ainda sobre a facílima e baratíssima tarefa de abrir uma conta em uma corretora de valores) e não investir seu dinheiro na poupança em nenhuma hipótese. **O dinheiro na poupança, como na maioria das vezes não ganha da inflação, significa diminuição de seu patrimônio – o que, em última instância, implica você mais longe da independência financeira.**

Resumindo: muitas vezes utilizamos os termos investir e poupar como sinônimos – o que não significa que indicamos a poupança como um bom investimento. Além disso, retomando à última questão, da mesma forma que é facílimo investir na poupança mesmo com pouco dinheiro, é tão fácil quanto investir em produtos mais avançados com a mesma quantia. **Mesmo investimentos de menos de R$100,00 por mês justificam a abertura de uma conta em uma corretora de valores.**

# Além da reserva de emergência. Vale a pena fazer um seguro?

Pense que sua prioridade número um na vida financeira saudável é proporcionar segurança a você e sua família. Dessa forma, **em muitos casos existe a necessidade de se fazer um seguro de vida ou de renda enquanto se constitui o patrimônio e mesmo durante a acumulação da reserva de emergência.**

Em linhas gerais, recomendo o seguro de vida para os casos em que a pessoa ainda não constituiu um patrimônio robusto o suficiente para proporcionar uma vida com renda tranquila aos seus dependentes. Nesses casos, até que você tenha o patrimônio necessário para prover mesmo em sua falta, recomendo o seguro de vida.

No caso dos seguros de renda, esses produtos são adequados aos profissionais que necessitam de um fluxo de caixa constante em casos de interrupção imprevista da atividade que gere suspensão da renda. Assim, os profissionais liberais, autônomos e mesmo empresários que necessitam de sua presença física para garantir sua renda podem fazer seguros que paguem sua renda em caso de incapacidade total ou parcial, permanente ou transitória.

## Vale a pena ter plano de saúde (chamado também de seguro saúde)?

Sim. Vale a pena.

Hoje em dia, com o atual estado da saúde pública no Brasil e os custos de internação médica, **vale a pena fazer o seguro saúde**. Pense que o objetivo principal seja cobrir as internações – pois da forma como as coisas estão, em breve as consultas com os médicos serão quase que tão somente as particulares.

Se você não tiver condições de pagar um plano comum, procure os planos de coparticipação (em que se paga uma parcela das consultas e/ou exames) que geralmente são significativamente mais baratos.

## Orçamento familiar e diálogo

Muitas pessoas com quem converso dizem que são incapazes de poupar porque, de suas partes, até conseguiriam, porém não conseguem nem pensar em conversar com a esposa (ou marido) e filhos sobre a questão de diminuir os gastos supérfluos e aumentar a poupança mensal.

De fato, o brasileiro especificamente tem um costume arraigado de considerar o tema do "dinheiro" como tabu. É um assunto, diferentemente do que ocorre com outros povos (como os americanos), tido como sensível e mesmo de mau gosto – devendo ser evitado sempre que possível.

Entretanto, para conseguirmos o objetivo da independência financeira e a tranquilidade que a acompanha, devemos estar dispostos a fazer certos sacrifícios – entre eles abordar o tema delicado do orçamento familiar.

Para se realizar essa abordagem não há regra de sucesso. Varia de caso a caso e depende, em muito, da habilidade e da abertura de quem levanta o assunto e dos que o escutam. Assim, ao **dialogar com sua família sobre o tema**, ficam algumas sugestões que visam a aumentar as chances de adesão ao plano de construção da independência financeira da família:

- Não utilize um discurso impositivo de que você é que dá as ordens e "as coisas serão assim de agora em diante";

- Aborde diretamente os benefícios de curto, médio e longo prazo da adoção do orçamento familiar;
- Dê mais ênfase aos objetivos tangíveis (como o planejamento de uma viagem) do que aos intangíveis (a segurança em relação ao desemprego ou à aposentadoria);
- Exponha com toda a clareza e sinceridade que isso só será possível com a ajuda de todos e que você depende da sensibilidade deles;
- Explique que a felicidade da família passa sim, e muito, pela tranquilidade de uma vida financeira organizada.
- Proponha cortes específicos nas despesas que não pesem para nenhum membro da família em particular.
- Escute a todos os envolvidos com atenção e peça novas sugestões de como cortar gastos ou acrescentar renda além das já apontadas por você.

## Uma questão delicada: Casamento só em separação de bens

Uma questão que sempre é trazida em meu site (http://www.investindosemmisterio.com.br) refere-se ao regime de bens ideal do casamento. Sem entrar nos meandros jurídicos dos regimes mais comuns (comunhão universal, comunhão parcial ou separação total), o que mais verifico, na prática jurídica, é que muitas questões sentimentais são propositalmente confundidas com as questões financeiras quando da separação dos casais.

O ideal, em minha opinião, é não deixar que a história emocional dos casais se confunda com sua caminhada financeira. A melhor forma de se fazer isso é a **adoção da separação de bens como regime de casamento – não apenas formalmente no papel, mas na prática**.

Dessa forma, os casados devem ter suas contas individuais e gerir seu patrimônio e seus gastos sem a ingerência do outro cônjuge. Isso não significa, porém, que cada um fará o que quiser.

Como é objetivo de qualquer casal a vida em parceria, devem ser estabelecidos os objetivos comuns de constituição de patrimônio e formação de reserva para o bem estar da família. Assim, objetivos comuns (como a reserva de emergência, a educação dos filhos, a troca de veículo, as viagens de férias, a aquisição de imóveis, etc.) devem ter a contribuição de ambos – em percentuais adequados ao que cada casal entenda como justo. Saliento que, quando da aquisição desses bens comuns, deve o bem ficar registrado em nome do casal (como no caso do imóvel - p.ex. 50% no nome de cada cônjuge) ou individualmente, mas resguardado a proporcionalidade (se a família possui dois carros adquiridos conjuntamente, colocar um carro em nome de um cônjuge e o segundo em nome do outro).

Aparte a estes objetivos comuns, creio que cada consorte deva se preocupar individualmente com sua própria formação de patrimônio e seu pessoal gerenciamento de gastos – como forma de se respeitar a individualidade de seu companheiro. Obviamente que tal não impede de o marido estimular a esposa – ou vice versa – a investir mais e facilitar o caminho que já começou a trilhar, demonstrando seus benefícios e sua importância. Mas o respeito à individualidade do cônjuge, entretanto, creio que seja o maior valor a ser considerado.

## A educação financeira dos filhos – a importância de se construir um legado financeiro:

Um dos ditados que quase todos concordam é aquele que diz *"o pai faz, o filho come e o neto morre de fome"*. Tal dito refere-se ao fato de que o construtor da riqueza familiar, muitas vezes preocupado em fornecer apenas o conforto material à sua família, esquece-se do mais importante: a educação – em nosso caso especial, a educação financeira.

Assim, uma das questões mais interessantes sobre a educação financeira passa pelo caso de que, após adquirir seus conhecimentos, os pais percebem a necessidade de transmiti-los aos filhos para que estes possam ter uma vida equilibrada e feliz – de acordo com suas necessidades e possibilidades para alcançar a própria independência financeira.

Nesse sentido, os pais veem que não podem transmitir o conhecimento da mesma forma que receberam – pela inadequação à vivência e percepção das crianças e adolescentes.

Existem na internet diversos sites que abordam a questão de forma muito interessante – passando por temas como mesadas, aquisição de bens (ex. bicicletas, viagens, roupas, tênis, etc.) e mesmo operações mais avançadas – como o investimento a juros (ex. o pai serve de "banco" e paga juros à criança que deixa com ele até uma data específica um dinheiro que vai poupando).

A questão que considero mais interessante – e que pode ser vislumbrada também nos adultos – é a íntima **correlação entre o sucesso do investidor e sua capacidade de adiar as gratificações**. Vários estudos em psicologia do desenvolvimento (psicologia das crianças e adolescentes) demonstram diversas vantagens para os infantes que conseguem desenvolver a habilidade de perceber que, caso esperem mais tempo por uma recompensa maior, o resultado final será mais interessante (experimentos do tipo: você prefere ganhar um doce agora ou três doces em meia hora?). As crianças que conseguiam, nos experimentos, aguardar até receberem um resultado superior, na vida real tinham melhor desempenho acadêmico, mais autoconfiança e se envolviam menos com atividades inadequadas no futuro. A questão já tratada no livro sobre a relação entre o consumismo e a independência financeira é, de fato, apenas uma sofisticação do dilema da experiência infantil supra relatada.

Por fugir aos propósitos do livro, não aprofundaremos na questão (que pode ser facilmente pesquisada na internet). Nosso objetivo ao tangenciar o tema é demonstrar mais esse importante ganho em se estudar e conhecer mais sobre os investimentos: **poder transmitir aos filhos os fundamentos para se ter uma vida financeira próspera e equilibrada**.

# Capítulo 2: Primeiros passos para se tornar um investidor

## Abrindo sua conta em uma corretora de valores:

Após ler o primeiro capítulo deste livro, espero que você tenha tomado a decisão de iniciar o caminho rumo à sua liberdade financeira. Para fazer isso, necessariamente, você terá que abrir uma conta em uma corretora de valores e decidir dedicar um certo intervalo de tempo em sua agenda para estudar e acompanhar os seus investimentos e verificar novos produtos financeiros no mercado.

Não se assuste. **É tudo extremamente simples e fácil – mas você tem que estar disposto a gastar alguns minutos para tanto.** Sei que muitas vezes temos preguiça ou mesmo falta de tempo e acabamos deixando de lado as obrigações financeiras. Nesse sentido, sugiro que você considere o tempo dedicado para cuidar de suas aplicações financeiras com um tempo destinado ao trabalho – até mesmo porque, no fim das contas, tanto o seu trabalho quanto os investimentos gerarão dinheiro para você e, se tudo der certo, em algum momento você poderá deixar de trabalhar em virtude de sua independência financeira. Assim, **da mesma forma que você sempre "arruma" tempo e paciência para fazer o seu trabalho, faça o mesmo com o tempo que você precisará se dedicar aos seus investimentos.** Mudando sua mentalidade nesse sentido, você não ficará se "auto-sabotando" querendo terminar logo com um estudo sobre seus investimentos e nem perderá a paciência para alguma burocracia que entenda desnecessária no processo.

Nesse item trataremos a respeito da abertura de conta em corretora de valores. Primeiramente você deve assimilar que **o Banco não é o melhor lugar para você deixar seu dinheiro.** Existem produtos bancários razoáveis e adequados a certas necessidades (trataremos deles aqui no livro). Porém, **na maioria das vezes, os investimentos feitos nos Bancos servem exclusivamente para gerar lucros exorbitantes ao banco – e não a você.** O banco usa do comodismo, da preguiça e do desconhecimento das pessoas para ganhar muito dinheiro. Dessa forma, você deve entender que, caso deseje efetivamente usar o poder dos juros compostos a seu favor, você não pode jogar fora as rentabilidades do seu suado dinheiro em benefício do banco. Assim, abrir uma conta em corretora de valores é fundamental – ainda que você não queira operar com ações ou outros produtos mais sofisticados. Mesmo com produtos bancários simples (como os CDBs – Certificados de Depósitos Bancários – que veremos posteriormente no livro – ou outros), as pessoas que possuem conta em corretoras podem escolher, com o mesmo risco, com taxas e custos muito melhores. **Então decida-se definitivamente pela necessidade de abrir uma conta em corretora de valores e aja!**

Trata-se de um processo simples e direto – na maioria absoluta das vezes resolvido totalmente via internet com a remessa dos documentos escaneados. Algumas corretoras, entretanto, exigem a remessa dos documentos pelo correio.

Existem **várias corretoras excelente**s e sugiro que você selecione algumas e, depois, pesquise no Google a reputação e características particulares de cada corretora (como as taxas cobradas de custódia, análises, etc.). Caso sinta a necessidade, ligue para o setor de atendimento de cada corretora e tire suas dúvidas.

Já que um dos principais investimentos que vamos tratar no decorrer do livro são os títulos do tesouro direto – que devem compor a carteira de qualquer pessoa que deseja constituir um patrimônio substancial –, uma boa forma de você começar a selecionar sua corretora é ir ao link público do tesouro que indica as corretoras habilitadas a negociar os títulos federais e conferir as taxas cobradas. Além disso, no referido site há o contato das instituições e seu ranking. Sugiro a escolha de uma grande corretora (e não Banco) que cobre uma taxa baixa.

Seguem os links:

http://www.tesouro.fazenda.gov.br/tesouro-direto-instituicoes-financeiras-habilitadas

http://www.tesouro.fazenda.gov.br/-/contato-das-instituicoes-financeiras-habilitadas

Outra sugestão é começar a estudar as corretoras agora e continuar o estudo durante toda a leitura do presente livro. Dessa forma, ao final do livro você já terá uma ideia dos produtos que entende mais adequados ao seu perfil e quais os serviços, assim, que irá precisar das corretoras.

***Selo CETIP certifica***: um diferencial que pode ser levado em conta no momento da escolha da corretora de valores é o fato dela ser certificada pela CETIP (selo "*CETIP certifica*"). Trata-se de um selo de qualidade fornecido pela Central de Custódia e de Liquidação Financeira de Títulos – CETIP – que, atualmente, em conglomerado com a BM&FBovespa – é o principal entidade de registro de títulos privados do Brasil.

Com essa certificação, os investimentos do cliente serão registrados em seu nome na CETIP, evitando fraudes que poderiam ocorrer (e efetivamente ocorreram recentemente – como na hipótese em que a corretora recebe o dinheiro do cliente e não faz os investimentos em seu nome). Caso a corretora possua o selo, mesmo em alguns ativos cujos registros não seriam legalmente obrigatórios, a CETIP só permitirá sua comercialização na câmara se for realizado o registro do título e ocorrer a identificação do nome do investidor.

Por conseguinte, sugerimos que o investidor escolha alguma corretora que possua este selo.

### Tempo dedicado aos investimentos:

Conforme dito no item anterior, você deve saber e aceitar, desde o início, que deverá, necessariamente, **dedicar uma certa quantidade de tempo aos investimentos**. Entretanto, não se assuste. **Recomendo, de forma geral, uma revisão de seus investimentos já realizados uma vez por mês (por volta de uma hora) e uma leitura diária ou semanal** sobre política econômica ou produtos financeiros de aproximadamente 5 a 30 minutos. Recomendamos, para tanto, nosso site (http://www.investindosemmisterio.com.br), nossa página do Facebook (www.facebook.com/investindosemmisterio) e nosso grupo fechado de discussão (www.facebook.com/groups/investindosemmisterio).

Cabe registrar aqui que você deve ter em mente que seu objetivo não é destrinchar toda e qualquer filigrana das infinidades de diferentes produtos financeiros que surgem no cotidiano. Você deve se aceitar e se ver como o que você verdadeiramente é: um investidor amador.

Nesse sentido, caso você não estude e não acompanhe seus investimentos e novos produtos disponíveis no mercado, em algum tempo sua rentabilidade irá sofrer. Caso, ao contrário, você decida se dedicar quase que em tempo integral – com horas diárias de estudo de investimentos – *dificilmente você terá qualquer ganho significativo de rentabilidade*. Assim, como investidor amador, **você deve estudar apenas o suficiente para saber as características essenciais para uma tomada de decisão consciente e revisar suas convicções esporadicamente**. Não se trata de uma busca frenética em prol da maior rentabilidade possível. Trata-se de um constante aprendizado de como melhor diversificar seu patrimônio visando a uma boa rentabilidade média e substancial aversão ao risco.

### Princípios básicos do investidor amador:

Para ser um bom investidor amador, aquele que alcança sua independência financeira em médio ou longo prazo, em primeiro lugar, você deve se convencer totalmente que é um investidor amador. Isso significa que **você ficará distante de produtos financeiros complexos e, principalmente, de "negócios inovadores e altamente rentáveis", de difícil compreensão que, a todo momento, alguns "amigos" irão lhe oferecer**. Seu maior objetivo será seguir os princípios expostos a seguir como forma de, no longo prazo, **evitar perdas em seu patrimônio com uma rentabilidade razoável** (e não impressionante) ao longo do tempo. É esta combinação que irá lhe trazer o sucesso de seu plano – e não fórmulas mágicas que surgem de tempos em tempos. São os seguintes os princípios básicos do investidor amador:

- **Controle de risco**: como dito, o investidor amador não está atrás das melhores rentabilidades a todo momento. O principal objetivo é outro: não perder dinheiro. Dessa forma, os produtos escolhidos devem sempre levar em consideração a exposição ao risco e sua proporção em relação a todo patrimônio. Assim, você deve colocar, no máximo, quantias equivalentes a menos de 5% de seu patrimônio total em investimentos de risco especulativo e sempre deve levar em consideração o risco e as características de cada produto financeiro e sua adequação ao seu perfil.

- **Diversificação**: o investidor amador tem como principal remédio contra o risco de perder quantia relevante de seu patrimônio a diversificação. Considerando que não existe investimento sem risco, por mais que alguns incautos insistam em dizer que existem, o único caminho é ter o patrimônio em diversos investimentos. Nesse livro procuraremos expor os diversos investimentos possíveis e suas características.

Analisando as particularidades de cada investimento e sua personalidade e objetivos, você deverá ser capaz de, ao final do livro, criar **um plano de alocação ideal a ser colocado em prática no decorrer de sua vida visando à diversificação para a pulverização do risco**. Mais uma vez vale lembrar: não se procura com a diversificação aumentar os retornos e sim diminuir as chances de que o seu patrimônio seja substancialmente afetado na jornada. Faça um compromisso, então, de parar de se sentir mal toda vez que vê alguma notícia de qual foi o investimento campeão do ano (do mês ou da semana). O importante não é ter acertado a bola da vez, e sim manter uma rentabilidade média diversificada e aceitável – o que significa fugir dos riscos.

- **Conheça seu Perfil de Investidor e seus objetivos**: todo bom investidor sabe que **o dinheiro não é um fim em si, ele é apenas um meio para você alcançar seus objetivos**. Esses objetivos podem ser de curto (montar uma reserva de emergência – prioridade máxima –, comprar um carro, fazer uma viagem, comprar um eletrodoméstico, etc.), médio (comprar um terreno, casa ou apartamento, abrir uma empresa, pagar a educação dos filhos, etc.) ou longo prazo (aposentadoria e independência financeira total).

Esta classificação, embora aceita pela maioria do mercado, é muito subjetiva e você deve tê-la apenas como uma aproximação. Defina seus **objetivos de curto, médio e longo prazos** antes de escolher seus produtos financeiros para investir.

Além disso, para que a escolha dos produtos seja adequada, você deve se conhecer em relação à sua **tolerância em suportar os riscos**. Caso você se sinta à vontade em correr riscos visando a um retorno maior, seus tipos de investimentos podem diferir de quem não tolera nenhuma exposição a risco. De início, porém, devemos ponderar que, conhecendo profundamente os produtos financeiros, você será capaz de mitigar em muito os riscos de cada operação. Além disso, é importante frisar a verdade contida na máxima de que *"não existe investimento sem risco"*. Qualquer que seja o produto financeiro (dos imóveis às ações, dos títulos públicos às debêntures), todos os investimentos têm um risco inerentemente atrelado que se diferencia em várias vertentes. Um imóvel adquirido para locação, por exemplo, pode ficar muito tempo vago (você pagando IPTU, condomínio e conservação) ou mesmo a localização perder valor (por exemplo pela construção de uma rodovia em frente). Os bancos e as empresas podem simplesmente falir ou pedir a recuperação judicial (ou liquidação pelo BACEN) e não te pagar. Mesmo um país pode decretar a moratória. Logo, não pense que, ao escolher determinado investimento, você estará imune totalmente aos riscos. Esses não podem ser excluídos; apenas administrados.

- **Invista o dinheiro novo e não desinvista seu dinheiro**: sempre que você tira seu dinheiro de alguma aplicação antes do vencimento você perde dinheiro. Você perde para os intermediários (que ganham a diferença entre o preço que você vende seu investimento e o preço que eles conseguem recolocá-lo no mercado – chamado de *spread*, além da corretagem) e para o governo (que cobra tributos na realização de qualquer negócio). Dessa forma, **só desinvista seu dinheiro antes do fim do prazo em último caso (emergências) ou nas hipóteses que você perceba que o investimento perdeu o valor como parte de seu patrimônio.**

Para facilitar a compreensão, tomo explicação de um grande educador financeiro brasileiro, Maurício Hissa, que sustenta que você nunca deve vender um imóvel por que seu valor subiu e você quer reinvestir o dinheiro (ou simplesmente porque há outros produtos que estão valorizando mais do que os imóveis). Você só deve vender seu imóvel se ele deixou de ser um "valor" em seu patrimônio, como no caso do levantamento de uma favela vizinha. Nessa hipótese, seu investimento perdeu o valor pois a tendência é do preço do imóvel cair cada vez mais e os aluguéis ficarem cada vez mais reduzidos – não havendo perspectivas claras de melhora da situação.

Você deve ter em mente, sempre, que seus objetivos financeiros são de longo prazo – não meses, mas décadas – e que sempre haverá alguns de seus investimentos rendendo bem e outros nem tanto. Todos, entretanto, devem ter um valor intrínseco preservado a todo tempo, só sendo justificável sua venda caso não mais o possuam.

Assim que você desiste de tentar conseguir "o melhor investimento" a todo instante, deverá apenas investir o "dinheiro novo" (aquele montante que entra todo mês em sua conta corrente – salário e frutos de investimentos que já possua, como dividendos, juros, aluguéis, etc.) de modo a tornar sua carteira o mais diversificada possível. Após a exposição dos diferentes tipos de investimentos no livro, pormenorizaremos no último capítulo como isso pode ser feito de forma simples e fácil a partir dos ensinamentos do maior livro de investimentos para investidores amadores: "O Investidor Inteligente", de Benjamin Graham.

## Noções mínimas de macroeconomia:

Antes de entrarmos nas questões específicas referentes aos produtos financeiros, devemos ter conhecimento de **noções mínimas de macroeconomia – pois serão importantes na formação do raciocínio básico que direcionará várias das escolhas entre os diferentes produtos financeiros.**

Como nosso objetivo é fornecer um material simples e, principalmente, útil ao investidor amador, limitaremos nossa explicação àquilo que é indispensável ao investidor deixando aprofundamentos e discussões teóricas de lado.

O primeiro ponto que o investidor deve tomar conhecimento, refere-se à **taxa SELIC**. SELIC significa Sistema Especial de Liquidação e de Custódia e, segundo o Banco Central brasileiro, define-se como *"a taxa média ajustada dos financiamentos diários apurados no Sistema Especial de Liquidação e de Custódia (Selic) para títulos federais. Para fins de cálculo da taxa, são considerados os financiamentos diários relativos às operações* *registradas e liquidadas no próprio Selic e em sistemas operados por câmaras ou prestadores de serviços de compensação e de liquidação".*

Fora o palavrório em economês, em termos pertinentes ao investidor amador, a taxa Selic é definida através de uma **decisão do COPOM** (comitê de política monetária do Banco Central do Brasil) em uma reunião realizada a cada 45 dias aproximadamente. O Comitê de Política Monetária (Copom) é o órgão decisório da política monetária do Banco Central do Brasil (BC) e o responsável por estabelecer a meta para a Taxa Selic. O Copom foi constituído em 20 de Junho de 1996, com o objetivo de estabelecer um ritual adequado ao processo decisório de política monetária e aprimorar sua transparência.

O Copom é composto pelos membros da Diretoria Colegiada do Banco Central: o presidente e os diretores de Política Monetária, de Política Econômica, de Assuntos Internacionais, de Normas e Organização do Sistema Financeiro, Administração, Fiscalização e Liquidações e Desestatização. O presidente tem direito ao voto decisório em caso de empate na decisão da política monetária.

Em cada reunião, existe a decisão de definição da meta taxa de juros SELIC. Essa taxa é chamada de taxa básica de juros da economia por se tratar, em teoria, dos juros com o menor risco atrelado – já que são relativos aos empréstimos realizados com o tesouro nacional.

Explicando melhor. Suponha que houve uma reunião do COPOM em que o comitê do BACEN decidiu por estipular a SELIC em 14% ao ano. Isso significa que os empréstimos que o tesouro nacional faz com o mercado vão pagar, no mínimo, a taxa de 14% ao ano a partir daí. Assim, caso alguma instituição queira pegar dinheiro com o tesouro, pagará a taxa de 14% ao ano.

Para desenvolver esse raciocínio, continuemos as repercussões na economia. Caso algum banco queira emprestar dinheiro a seus clientes, sabendo que o dinheiro poderá ser financiado com o tesouro à taxa SELIC, deverá, como regra, cobrar juros superiores à SELIC para obter lucro.

Também se o banco ou uma empresa desejam tomar dinheiro emprestado do mercado, o mesmo raciocínio se aplica. O mercado (eu, você, outras empresas, outros bancos, etc.), sabendo que podem pegar o dinheiro emprestado com o tesouro nacional à taxa SELIC, exigirão da empresa ou da instituição financeira uma taxa superior para o empréstimo mais arriscado. O motivo pelo qual o empréstimo com o tesouro nacional é considerado como o menos arriscado funda-se na percepção de que, caso o tesouro não tenha condições de honrar o empréstimo na data acordada poderá simplesmente imprimir dinheiro – o que nenhuma empresa pode fazer.

Continuando essa digressão sobre a macroeconomia, **existe uma ligação teórica entre a taxa SELIC e a inflação (e o crescimento) de um país**. Na prática nem sempre essa correlação se prova verdadeira, mas temos que conhecer o raciocínio para tomarmos decisões mais fundamentadas sobre os nossos investimentos.

Em teoria, altas taxas SELIC implicam que o mercado poderá ter acesso a produtos financeiros de baixo risco e alto retorno (pois o mercado pode comprar títulos públicos federais com o menor risco dentro de um país pagando altas taxas de juros). Além disso, os bancos necessitarão cobrar taxas de empréstimos cada vez maiores – o que acabará por diminuir o volume de dinheiro total utilizado em financiamentos (como o financiamento de um carro, imóvel, geladeira, etc.). Nesse passo, o cidadão com o dinheiro livre na mão preferirá investir a consumir; adiar o empréstimo e não comprar bens e serviços. Isso, em termos amplos, acabará por desaquecer a economia e frear a inflação.

Taxas SELIC baixas, por sua vez, são entendidas pelo mercado como uma impossibilidade de alocar o dinheiro em títulos fedarais de baixo risco pelo baixo retorno. Podendo, por outro lado, os bancos tomarem dinheiro emprestado a baixo custo, os empréstimos aos clientes serão incentivados e suas taxas serão menores. O cidadão, então, deixa de investir (pois os investimentos já não rendem tanto) e passa a consumir (à vista ou financiado) – movimentando a economia e gerando a inflação.

Essa simplificação explica, em linhas gerais, as ligações esperadas entre o estabelecimento da taxa SELIC seus reflexos confiados na inflação e crescimento do país. Existem diversas outras nuances, entretanto, que podem ser consideradas mas que, pelos objetivos do livro e do investidor amador, devem ser estudadas caso a caso. O que é importante, nesse momento, é você se familiarizar totalmente com os termos "taxa básica de juros"; "taxa SELIC"; "risco"; "COPOM"; "BACEN" e, principalmente, com o raciocínio entre o estabelecimento da SELIC e os reflexos macroeconômicos.

Com esse quadro totalmente consolidado em sua mente, você poderá tomar decisões claras, atendendo às peculiaridades de seu perfil de risco e seus objetivos de curto, médio e longo prazo.

## Critérios de análise dos investimentos:

Os investimentos devem ser estudados, para que se possa verificar seus pontos positivos e negativos e, assim, possibilitar a decisão do investidor amador de acordo com 3 parâmetros básicos: *1) Risco; 2) Prazo e liquidez; 3) Rentabilidade*.

*1) Risco*: primeiramente, pode o leitor notar que comecei a falar em risco antes de falar em rentabilidade. Isso é proposital. Enquanto a maioria absoluta das pessoas olha, em primeiro lugar, a rentabilidade de um investimento, na verdade, considerando que a maior questão do investidor amador é o controle de risco, você deverá analisar primordialmente e profundamente o risco. Tal não significa que a rentabilidade deva ser ignorada, mas que ela é secundária em relação à análise do risco.

Como já dissemos antes, o investidor amador deve aceitar a verdade de que todos os investimentos têm risco. Assim, o objetivo não é eliminar todo e qualquer resquício de risco – e sim administrá-lo visando ao menor risco possível com a maior rentabilidade e dentro do perfil do investidor particular (algumas pessoas toleram mais riscos que outras).

Alguns profissionais do mercado financeiro classificam, de modo geral, os tipos de risco como:

- **Risco de Crédito**: o uso mais comum do termo "risco". Normalmente, quando falamos em risco, queremos dizer, em termos gerais, qual a possibilidade de não recebermos o total ou parte de nosso dinheiro alocado em determinado investimento. São casos clássicos de não pagamento o calote de um determinado país (moratória), de uma empresa (em recuperação judicial ou falência) ou mesmo fraudes (como a não vinculação do investimento ao nome do cliente; casos de esquemas de pirâmides ou de ponzi; casos de investidores não autorizados, etc.).

- **Risco de mercado**: possibilidade do investimento subir ou descer no decorrer do tempo em que o dinheiro está investido. Isso pode se dar por razões econômicas, políticas, etc. As oscilações do valor do investimento no tempo é chamada no mercado de volatilidade. Assim, se você quer investir em ações e precisará do dinheiro em certo período fixo de tempo (por exemplo, terá que resgatar em um ano), o risco de mercado indica que o mercado acionário não é uma boa opção – pois os papéis comprados poderão estar com valor muito baixo no momento em que você terá que realizar o saque. Alguns autores acadêmicos também comentam sobre o risco sistêmico – que são grandes oscilações na economia global, nacional ou mesmo de um setor produtivo e que afetam a todos independentemente da diversificação.

- **Risco de liquidez**: refere-se à dificuldade de se vender o ativo investido. Um imóvel, por exemplo, possui pouca liquidez. Uma reserva de emergência, portanto, não pode estar alocada em imóvel – por mais valioso que seja – pois, pela própria natureza dessa alocação, existe a necessidade de você a constituir em produtos de altíssima liquidez (ex. que possibilitem saques diários ou semanais do dinheiro sem a perda de rentabilidade).

Outro ponto que merece menção no estudo do risco dos investimentos são as chamadas **agências de classificação risco**. Estas empresas, também chamadas de **agências de rating**, tem como sua atividade principal a qualificação dos produtos financeiros e dos emissores de dívida em uma escala (que vai do péssimo ao ótimo – porém com letras para significar a gradação). As agências são contratadas por empresas ou países que queiram ser classificados. Mundialmente existem três grandes agências de risco: a Moody's, a Standard & Poor's e a Fitch.

Vários produtos financeiros de primeira linha possuem a classificação das agências. Nesse sentido, trata-se de modo interessante para começar a análise de risco de certo produto de interesse. Esse início de análise, entretanto, deve levar em consideração o que ficou comprovado pela grande crise do subprime (que se iniciou nos EUA nos anos de 2007/2008) a respeito do **conflito de interesses** (já que as próprias empresas para as quais você emprestará o dinheiro é que pagam as agências classificadoras de risco) e da **baixa precisão na classificação dos créditos**. Ou seja: a classificação de risco das agências podem servir apenas como um leve indício da solidez do negócio – e não como prova cabal do risco atrelado ao investimento. Aos leitores que tiverem interesse no aprofundamento do tema, sugerimos o excelente filme "A Grande Aposta" (The Big Short, 2014).

A despeito da existência desse "ranking" de risco, realizado pelas agências supramencionadas, a melhor forma de fato de se avaliar o risco de determinado investimento é averiguar a saúde financeira de seu emissor. Logo, na compra de um apartamento na planta (o que não recomendamos), a garantia da entrega é a saúde financeira da construtora. Da mesma forma o empréstimo a um banco (como nos produtos de renda fixa), uma empresa (como as debêntures e mesmo a compra de ações) ou um país (como os títulos do tesouro direto) são garantidos apenas, em última instância, pela saúde financeira destes. Não caia em conversas inusitadas que queiram dizer que o investimento é garantido por outros fatores (como a promessa de crescimento futuro, a averbação de garantia imobiliária, etc.). Todos essas circunstâncias podem até ser favoráveis, mas o risco deve ser analisado de forma severa e objetiva.

**2) *Prazo e liquidez*:** o **prazo** de determinado investimento é a data final em que o devedor (pessoa, empresa ou país para quem você emprestou o seu dinheiro) deve pagá-lo de volta a você com a rentabilidade combinada. Um investimento, assim, pode ter os mais variados prazos – de um dia (ou mesmo algumas horas) a 100 anos (ou até mais) – tudo conforme o combinado entre as partes. Na data combinada, vence o investimento e o pagamento deve ser realizado.

A **liquidez**, a seu turno, significa a possibilidade de o credor-investidor (você) reaver seu dinheiro investido sacando diretamente com o devedor ou revendendo o produto no mercado. Por exemplo, suponha que você resolva emprestar dinheiro a uma empresa – o que é comumente chamado de debênture – com o prazo de vencimento de 7 anos e remuneração da taxa SELIC. Após os 7 anos, no prazo de vencimento, a empresa deverá pagá-lo (valor investido mais os 7 anos de juros compostos conforme a taxa SELIC do período). Na hipótese de o investidor necessitar do dinheiro antes, poderá tentar revender seu título ao mercado. Essa facilidade/dificuldade da revenda ao mercado é a liquidez do título. Muitas vezes, o emissor acorda em recomprar o título pelo valor proporcional (sem as perdas da revenda ao mercado) após determinado período ou imediatamente – o que aumenta a liquidez do produto. Os títulos do tesouro direto são um exemplo desse caso, vez que o tesouro nacional os recompra diariamente.

Conhecendo estes conceitos, você pode verificar que não apenas o estudo do risco é importante para saber se determinado produto é interessante para seu caso específico e seus objetivos. Deve-se observar se o prazo do investimento é adequado às suas metas e se existe a possibilidade de você precisar do dinheiro no meio do caminho (liquidez).

**3) *Rentabilidade*:** o último critério a ser observado pelo investidor amador é a rentabilidade. Consiste no incremento de valor que o investimento terá no decorrer do tempo (ou a expectativa de incremento de valor). O aumento do valor dos imóveis, de um terreno, de uma empresa, de aluguéis ou dos juros pagos nos investimentos consistem na expectativa de rentabilidade que teremos sobre determinado produto.

Em produtos do mercado financeiro, podemos ter uma rentabilidade definida a priori (quando da emissão da dívida – **renda fixa**) ou podemos ter a **rentabilidade variável** (que não tem índices de remuneração definidos aprioristicamente). Os próximos capítulos se destinam a estudar mais profundamente os produtos de cada categoria.

Por ora vale a pena frisar que a análise da expectativa de rentabilidade deve ser feita em segundo plano somente após o produto se adequar ao seu perfil e seus objetivos no que tange ao risco, ao prazo e à liquidez.

Por fim, cabe assinalar que os três critérios de análise dos investimentos não são mutuamente excludentes – mas, na prática, são assim encontrados no mercado. Um produto com baixo risco e alta liquidez frequentemente possui pouca rentabilidade. Já um investimento de altíssimo risco e pouca liquidez quase sempre promete alta rentabilidade (para atrair os incautos – como no caso das pirâmides financeiras que a todo momento retornam com uma outra roupagem). Nessa trilha, fica a mensagem de que os investimentos devem ser analisados sem grande emoção. Desconfie das "grandes oportunidades" que prometem altíssima rentabilidade sem qualquer risco. O investidor amador deve se preocupar, em primeiro lugar, em diversificar adequadamente seu patrimônio de forma a aproveitar as diferentes variações de risco, prazo e rentabilidade.

# Capítulo 3: Conhecendo os produtos financeiros

Agora que você já quitou suas dívidas; fez um orçamento familiar e o está seguindo; chegou à possibilidade de investir seu dinheiro (pagando-se no início do mês antes do pagamento das contas); entendeu a necessidade e abriu uma conta em uma corretora de valores, você terá à sua disposição uma série de produtos financeiros para colocar seu dinheiro. Não se assuste. Aqui trataremos cada um desses produtos de forma simples e didática para que você tome suas decisões de acordo com seus objetivos e seu perfil de investidor e os critérios de análise dos investimentos vistos nos capítulos anteriores.

# Capítulo 3.1. Investimentos em renda fixa:

Os investimentos em renda fixa são aqueles em que, desde o momento da contratação, o investidor sabe qual será a remuneração de seu investimento. Daí a denominação "renda fixa". Veja-se, porém, que renda fixa não significa que os rendimentos sempre são conhecidos antecipadamente – vez que eles podem estar atrelados a índices (como, por exemplo, a inflação) que só serão conhecidos no curso do empréstimo. Há, assim, uma subdivisão entre os investimentos de renda fixa pré-fixados e os pós-fixados.

**Os investimentos de renda fixa pré-fixados** são aqueles que, no momento da aquisição do produto o investidor saberá qual a taxa de juros aplicável ao empréstimo até seu vencimento. Portanto, um CDB que paga uma taxa de 10% ao ano e tem prazo de 3 anos é pré-fixado. Já se sabe de antemão a taxa a ser paga (10%) – fixada no momento da contratação do investimento (por isso, pré-fixada)  e que não será alterada durante o empréstimo.

**Os investimentos de renda fixa pós-fixados** são aqueles que têm sua remuneração atrelada a determinado índice que irá variar no decorrer do empréstimo. Assim, são investimentos de renda fixa pois sabemos qual será a variação da remuneração do investimento (será a variação do índice específico). Como essa variação ocorrerá no curso do investimento, e não é fixa no início – como no caso dos pré-fixados, esses serão produtos pós-fixados. Os dois principais índices utilizados nos investimentos pós-fixados são a taxa SELIC (e a taxa CDI – que são muito próximas) e índices que medem a inflação (ex. IPCA, IGPM, etc.).

**Taxa SELIC e Taxa CDI**: já falamos um pouco sobre a taxa SELIC. Em breves palavras, seria aquela taxa de juros definida pelo comitê de política econômica do Banco Central do Brasil que remunera os títulos públicos federais – por isso chamada taxa básica de juros. A taxa CDI – Certificado de Depósito Interbancário (ou taxa DI) – é a taxa que remunera um empréstimo realizado entre os bancos. Os bancos, como tendem a ser camaradas entre si (mas normalmente não tão solícitos com você), cobram uma taxa de seus pares bem próxima da taxa básica de juros do país (SELIC). As diferenças entre as duas taxas normalmente são corrigidas rapidamente pelo mercado pois as instituições tendem a operar no sentido de obter mais lucro e, por conseguinte, retornam à proximidade entre ambas (um banco que percebe uma diferença significativa entre as duas taxas começaria a comprar mais títulos federais, por exemplo, e vender os títulos interbancários. Quando vários bancos fizerem isso, o preço dos títulos federais iria subir e os CDIs baixar, retornando à proximidade entre as duas taxas). Assim, para os efeitos práticos do livro que visa ao investidor amador, **em condições normais a taxa DI é quase a mesma da SELIC**.

**Índices Inflacionários**: existem diversos índices apurados por agências de governo ou privadas que tentam medir a inflação de determinada região ou do país. Os mais utilizados para fins de investimentos atualmente no Brasil são:

**IPCA**: Índice Nacional de Preços ao Consumidor Amplo – considerado a inflação oficial do país. Medido pelo IBGE (Instituto Brasileiro de Geografia e Estatística) e considera gastos como alimentação, bebidas, comunicação, despesas pessoais, educação, habitação, saúde e cuidados pessoais. Busca refletir o custo de vida de famílias com renda mensal de 1 a 40 salários mínimos. Muito usado como indexador de renda fixa nos investimentos.

**IGP-M**: Índice Geral de Preços do Mercado – medido pela FGV (Fundação Getúlio Vargas). O índice busca registrar a inflação de preços variados – desde matérias primas (agrícolas, industriais, etc.) a produtos e serviços. Muito utilizado na correção de aluguéis e tarifas públicas e também como indexador de investimentos.

Outros índices inflacionários menos usuais:

**INPC**: Índice Nacional de Preços ao Consumidor – medido pelo IBGE visando a apurar a variação de preços no varejo para famílias com renda mensal até 5 salários mínimos, o que implica uma sensibilidade maior a produtos mais básicos (alimentos, transporte, gás de cozinha), etc. Muito utilizado na negociação de reajustes salariais.

**INCC**: Índice Nacional de Custo da Construção: visa a aferir a evolução dos custos (materiais, mão de obra, matéria prima, etc.) de construções habitacionais. Normalmente é aplicado aos financiamentos de imóvel em construção.

## O Fundo Garantidor de Crédito (FGC):

Antes de adentrarmos nos produtos de investimentos propriamente ditos, devemos abordar um pouco uma garantia disponível a alguns produtos de renda fixa e que ainda será muito mencionada: a garantia do FGC (Fundo Garantidor de Crédito).

O FGC é uma entidade privada, sem fins lucrativos, que visa a garantir créditos (investimentos) de instituições a ele associadas quando há intervenção, liquidação extrajudicial ou insolvência. Além disso, o FGC visa a contribuir para a manutenção da estabilidade do Sistema Financeiro Nacional através da manutenção da liquidez das associadas. Frise-se que a associação é compulsória (excluídas as cooperativas de crédito).

O fundo irá garantir, ***por instituição financeira (ou conglomerado) e por CPF (ou CNPJ)***, a quantia máxima de R$250.000,00 (aí incluídos todos os juros e ganhos do investimento) com uma contribuição fixa de 0,0125% ao mês (retirada da rentabilidade do investimento).

*O que é garantido pelo FGC (dentro do limite de R$250.000,00 por instituição e por CPF)?*
- Valores em conta corrente e poupança;
- Depósitos a prazo (CDBs);
- Letras de Câmbio (LCs);
- Letras Imobiliárias (LIs) e Letras de Crédito Imobiliário (LCIs);
- Letras de Crédito do Agronegócio (LCAs);

- Letras Hipotecárias (LHs);

O que não é garantido pelo FGC?
- Valores superiores a R$250.000,00 por instituição financeira e por CPF (ainda que em produtos diferentes);
- Correção de valores desde a intervenção do Banco Central ao efetivo pagamento do FGC;
- Fundos de Investimentos;
- Debêntures;
- Certificados de Recebíveis do Agronegócio (CRAs);
- Certificados de Recebíveis Imobiliários (CRIs);
- Fundos de Investimento Imobiliário (FIIs);
- Letras Financeiras (LFs);
- Tesouro Direto.

Para a análise do risco dos produtos, leva-se em consideração a existência do FGC pois essa garantia diminui substancialmente os possíveis problemas futuros. Em muitos casos, nesse sentido, é aconselhável que o investidor invista seu dinheiro até no máximo o limite do FGC em diferentes instituições – não deixando o valor total investido superar a garantia.

Deve-se dizer, por fim, que também existe o risco de não pagamento pelo próprio FGC. Como dissemos anteriormente, não há nenhum investimento que não contenha insitamente o elemento do risco. Assim, em casos de abalos muito grandes no sistema financeiro nacional é razoável que se pense que nem mesmo o FGC terá recursos suficientes para saldar as dívidas de diversos bancos que estejam quebrando concomitantemente.

Nessa indesejável hipótese, provavelmente, o tesouro seria chamado para auxiliar o sistema financeiro de alguma forma (como aconteceu nos EUA na crise do subprime de 2007/2008). Ao imaginar esse caso fica claro o motivo pelo qual o Tesouro Direto não possui a garantia do FGC. Em sendo o Tesouro Direto a venda de títulos públicos federais ao investidor, a garantia do tesouro é necessariamente maior do que a do FGC. Em última instância, nem mesmo o FGC pode imprimir dinheiro novo como pode o tesouro nacional.

**Produtos Financeiros De Renda Fixa:**

**Produtos em que você empresta dinheiro ao Tesouro Nacional:**

**Tesouro Direto:**

*Você conhece o Tesouro Direto? Você não sabe o que está perdendo...*
*O Tesouro Direto é uma excelente opção para o investidor amador dar o primeiro passo na construção de um patrimônio sólido.*

O investimento em tesouro direto significa a compra de títulos públicos do governo federal diretamente pelo cidadão. Em bom português, significa que você empresta seu dinheiro ao tesouro nacional por um determinado prazo fixo e por uma taxa de juros já combinada que poderá ser prefixada (tesouro prefixado), atrelada à inflação (tesouro IPCA), ou atrelada à taxa selic (tesouro selic).

Os papéis do tesouro de um país soberano são considerados como o menor risco dentro desse mercado específico. Tal se dá pelo fato de que o país, como nação, é o único ente do mercado doméstico que tem a prerrogativa de imprimir dinheiro. Obviamente, existem consequências indesejáveis de uma impressão a todo vapor – como a inflação (que, a toda evidência, prejudica em primeiro lugar a camada mais pobre da população) e a perda da credibilidade de se honrar os compromissos internacionais – mas o fato é que, com a possibilidade de criar dinheiro "do nada", os governos quase sempre preferem qualquer consequência futura (como o aumento de preços) do que o calote imediato.

Como já dito acima, essa é a razão pela qual a garantia do FGC é inferior à do Tesouro Nacional. Na hipótese, por exemplo, de uma crise sistêmica grave em que todos os bancos estão próximos da quebra (como ocorreu com os EUA em 2008), o FGC provavelmente não teria recursos próprios para auxiliar várias instituições financeiras simultaneamente. Por outro lado, esse prejuízo generalizado das instituições poderia ser absorvido (leia-se, passado adiante) por toda população se o governo fizesse qualquer tipo de "plano de auxílio".

*Nesse sentido, em matéria de risco não existe produto financeiro de investimento superior aos títulos públicos federais.*

Outra característica muito interessante dos títulos do tesouro direto é a sua *liquidez diária*. Você pode vender seus títulos todos os dias e o dinheiro já estará na sua conta no dia seguinte – perfazendo-se uma **excelente opção para alocação das reservas de emergência – notadamente os títulos atrelados à selic (Tesouro Selic** – mais abaixo falaremos especificamente sobre cada papel).

Além da alta liquidez, a rentabilidade dos títulos brasileiros também são muito atrativas – mesmo em níveis mundiais. Muitos investidores estrangeiros justamente procuram se aproveitar das altas taxas de juros presentes nos papéis federais. Nesse passo, a combinação é extremamente atrativa: baixo risco, alta liquidez e alta rentabilidade.

Cabe assinalar, porém, que a alta rentabilidade pode ser prejudicada pelas altas taxas que o agente de custódia pode cobrar. Assim, torna-se necessário que o investidor pesquise, entre os agentes de custódia (http://www.tesouro.fazenda.gov.br/tesouro-direto-instituicoes-financeiras-habilitadas), qual deles é o mais interessante para seu perfil. Dessa forma, evite bancos comerciais (altas taxas) e corretoras muito pequenas ou inexpressivas para começar.

Falando nisso, o custo do investimento normalmente é considerado barato. A dinâmica dos títulos públicos funciona da seguinte forma: após a emissão pelo tesouro nacional, os títulos são guardados na BM&FBovespa (que, para isso, recebe uma remuneração de 0,3%a.a.) com negociação intermediada pelas instituições financeiras habilitadas (corretoras de valores – que recebe os valores dos clientes, recolhe o imposto de renda e o cadastro do investidor – e, para isso, recebe ou não uma remuneração). Por conseguinte, além de 0,3% da BM&FBovespa, você deverá pagar uma outra quantia que poderá "comer" uma quantia considerável de seus juros sobre juros. ***Para os interessados em formar um grande capital de longo prazo, fica a dica de que a taxa de 0,3% da BM&FBovespa é calculada até o limite máximo de R$1.500.000,00 – sendo que as quantias excedentes não pagarão a taxa.***

É bom notar que, apesar da necessidade de "fugir" das altas taxas de certos agentes, uma taxa zero também deve ser vista com estranheza – uma vez que a corretora não está sendo remunerada por seu serviço. Logo, tal medida normalmente se dá para ganhar público e depois incrementar a taxa de custódia ou mesmo cobrar em outros produtos. Tudo isso é totalmente razoável e faz parte do jogo do mercado. Deve o leitor, por conseguinte, aquilatar os serviços que pretende utilizar de sua futura corretora (ex. tesouro direto, custódia e intermediação de títulos de renda fixa, fundos de investimentos, ações, etc.) e suas taxas globais; além da reputação e prestação de serviço. Um bom indício é a visitação do site e a facilidade fornecida para se abrir uma conta. Normalmente, as melhores corretoras possuem um site bem amigável e um processo muito facilitado no cadastramento de novos clientes.

Veja no quadro abaixo que colocamos como um possível ponto negativo que, diferentemente dos produtos de bancos comerciais mais cômodos, os títulos do tesouro direto exigem "um mínimo de esforço" para sua aquisição. Se você está lendo este livro até aqui, creio que já se decidiu por se dedicar um pouquinho à sua independência financeira. Ao abrir sua conta na corretora e começar a negociar os títulos você perceberá que não há qualquer exagero quando usei a palavra "mínimo". Tanto para abrir a conta na corretora, para entender as características dos títulos e para entender a operação do site do tesouro, o esforço necessário será ínfimo – principalmente se você comparar com os benefícios que essa atitude o trará no longo prazo. Em meu caso e de diversos leitores de nosso site (http://www.investindosemmisterio.com.br) posso afirmar que, esse processo que normalmente começa como uma obrigação, muitas vezes se transforma em algo prazeroso ao se perceber a lógica do investimento e se especializar na busca de maiores retornos. No último capítulo desse livro vou apresentar um método muito eficiente para gerenciar seu patrimônio e aumentar suas chances de comprar os títulos mais interessantes de determinado momento político e econômico. Por enquanto, analisaremos os aspectos básicos do produto financeiro.

Existem alguns poucos papéis a serem vendidos pelo tesouro direto e suas peculiaridades definem sua melhor utilização. As características de cada papel devem estar adequadas ao perfil do investidor e seus objetivos específicos de curto, médio e longo prazo. São, basicamente, 3 tipos de títulos oferecidos pelo tesouro nacional:

1. ***Títulos prefixados***: são aqueles que já oferecem, no momento da compra, a taxa fixa que será paga até o vencimento. Por exemplo, caso você adquira o título "tesouro prefixado 2023" (todas as informações que vou falar aqui estão disponíveis fácil e imediatamente no site quando você estiver fazendo sua compra), verá que esse título paga uma taxa fixa (no momento em que escrevo, a taxa de é de 12,34% a.a.) até seu vencimento (no caso, 01/01/2023).

Logo, os títulos prefixados garantem a taxa pactuada no momento da compra até seu vencimento. Se você comprou esse título, terá, até o vencimento, os juros contratados. Simples assim.

Aos que quiserem brincar um pouco com os valores e taxas, sugiro a ferramenta da calculadora do tesouro nacional (http://www.tesouro.fazenda.gov.br/tesouro-direto-calculadora).

**2. *Títulos pós-fixados atrelados ao IPCA***: esses títulos, chamados "Tesouro IPCA+", pagam uma taxa fixa (como se fossem os prefixados), mais a variação do IPCA do período. Se você, por exemplo, adquirir o papel "Tesouro IPCA+2024", está contratando, com o tesouro nacional, um empréstimo de seu dinheiro que renderá, no momento em que escrevo esse trecho, a variação do IPCA (índice de inflação oficial brasileiro), mais 6,21%a.a até a data do vencimento (nesse caso, 15/08/2024).

Esses juros excedentes ao IPCA que é pago por esses títulos são chamados juros reais pois são acima da inflação, mantendo o real valor de compra do montante que você investiu. Esse, então, é o título mais adequado para investimentos de muito longo prazo (acima de 15 anos) ou aposentadoria.

**3. *Títulos pós-fixados atrelados à taxa SELIC***: os títulos "Tesouro Selic" rendem exatamente a variação da taxa selic do período que você contratou. No momento em que escrevo, existe o título "Tesouro Selic 2021" que possui vencimento em 01/03/2021. Esse é o único papel que garante que você não perderá seu dinheiro se decidir vender seu título antecipadamente (para aplicações acima de 30 dias). Por esse motivo, torna-se o mais indicado para a reserva de emergência – já que possui, como todos os títulos do tesouro direto, liquidez diária e não está sujeito a oscilações de mercado em seu valor (os outros títulos variam de acordo com o mercado. Assim, caso você decida vendê-los antes de seu vencimento, poderá ter prejuízo ou lucro).

Há, ainda, uma característica adicional muito importante. Os títulos "prefixados" e "IPCA+" podem vir ou não com juros semestrais (você escolherá se deseja ou não que, a todo semestre, o tesouro te pague os rendimentos do período). Para casos de aposentadoria ou em que a pessoa necessita de um fluxo de caixa constante pode ser uma opção interessante. Vale a pena ponderar, entretanto, que quando você decide por antecipar esses juros está perdendo força na multiplicação dos juros sobre juros (nos papéis que não pagam os juros semestrais, eles, na verdade, são reinvestidos no montante total que você emprestou ao tesouro – como juros compostos). Assim, na fase de acumulação de patrimônio, antes de chegar à sua independência financeira, sugiro sempre que você não deixe de reinvestir qualquer fruto de suas aplicações (juros, dividendos, juros sobre capital próprio, aluguéis, etc.) – e, no caso do tesouro direto, dê sempre preferência aos títulos sem os juros semestrais.

Estudando os tipos de títulos do tesouro, podemos consolidar algumas regrinhas de ouro:

1. *Prefira os títulos vinculados à inflação (IPCA+)* pois somente eles garantem um rendimento real (além da inflação);

2. *Somente compre os títulos prefixados ou vinculados à inflação se você tiver a convicção de que poderá levá-los até o vencimento sem sua venda antecipada* (que pode gerar prejuízos). Portanto, tente casar seus objetivos com o vencimento dos títulos. Por exemplo, se seu carro já está velho e você quer trocá-lo em 2 anos, procure comprar um título com o vencimento em dois anos (ou o tesouro selic – que pode ser vendido a qualquer momento).

O mesmo raciocínio serve para os casos de títulos comprados visando à aposentadoria ou a independência financeira. Do mesmo modo que você não pensa (até porque não pode) em sacar seu dinheiro da previdência do INSS, nunca deve pensar em vender os títulos que tem a mesma finalidade. Somente assim você terá o poder dos juros compostos.

3. *Faça uma reserva de emergência robusta com títulos do tesouro selic* (e não com produtos bancários comerciais ou com a poupança).

Assim, verificamos que uma outra vantagem de se operar com os papéis do tesouro direto é que eles indiretamente estimulam o investidor a pensar e consolidar seus objetivos e realizar um planejamento financeiro de longo prazo com objetivos bem definidos. Esse planejamento financeiro, muito mais do que um conhecimento teórico, é uma constante prática e adequação – de acordo com as diversas surpresas e mudanças que a vida nos traz.

Nesse ponto, você já deve ter percebido que sou um fã do tesouro direto pela conjunção dos três fatores de análise dos investimentos: baixo risco, alta liquidez e alta rentabilidade. Tanto isso é verdade que uma parte substancial do meu patrimônio encontra-se nesse produto. Entretanto, essa grande atratividade pode gerar uma pequena inconveniência.

Muitos leitores do site "investindo sem mistério" contam que gostaram tanto do tesouro direto que colocaram aí todo o seu patrimônio. **Embora entenda que o risco do produto é pequeno, o leitor deve considerar que a diversificação é necessária como forma de se diluir qualquer questão sistêmica ou pontual que possa ocorrer.** Casos de países que tomam medidas drásticas em suas economias normalmente acontecem e, assim, não podem deixar de ser levados em consideração. Nesse caminho, recomendo que o leitor sempre pense em outros produtos não atrelados diretamente ao mercado financeiro (para se fugir da situação em que seria possível o país dar o calote nos títulos) como diversificação aos títulos. Imóveis (aí incluídos os FIIs – Fundos de Investimentos Imobiliários), ações, ouro, etc. devem, também, em maior ou menor escala (dependendo do investidor), compor um patrimônio bem consolidado.

Vale explicar melhor quando dissemos que o investidor deve buscar outros produtos que não seriam afetados no mesmo sistema de um eventual calote dos títulos da dívida pública. Em hipótese, caso imaginássemos uma situação em que o Brasil decidisse por não honrar seus compromissos internos (ao invés mesmo de imprimir mais dinheiro e fomentar a inflação), provavelmente tal se daria em situação excepcional de todo o sistema financeiro. Nessa linha, caso você tivesse seu dinheiro não em títulos públicos mas, por exemplo, em CDBs, provavelmente a situação financeira do país estaria tão abalada que mesmo o Banco para o qual você emprestou o dinheiro (os CDBs) também não teria dinheiros para saldar essa dívida (lembre-se que uma grande parte do dinheiro dos bancos está aplicada em títulos públicos federais também). Os imóveis, os negócios, o ouro, os outros países poderiam ser afetados em maior ou menor grau, mas não diretamente – como todo o sistema financeiro em caso de calote de títulos. Daí, para fugir do risco da concentração de todo o patrimônio no tesouro direto, é importante a escolha de produtos que não sofram do mesmo risco imanente.

A **tributação dos títulos do tesouro direto** segue a regra padrão dos produtos de renda fixa:
De 0 a 180 dias de aplicação – imposto de renda de 22,5% sobre o lucro;
De 181 a 360 dias de aplicação – imposto de renda de 20% sobre o lucro;
De 361 a 720 dias de aplicação – imposto de renda de 17,5% sobre o lucro e
Acima de 720 dias de aplicação – imposto de renda de 15% sobre o lucro.

Uma **dica importante para o investidor inteligente é que sempre procure fazer suas aplicações por um prazo de, no mínimo, dois anos** – vez que esta é a alíquota mais baixa. A diferença do imposto de renda, apesar de parecer pequena, gerará um ganho extra considerável!

Nessa mesma trilha, outra vantagem do tesouro é que o imposto de renda só é cobrado ao final da aplicação – o que gera um enorme ganho de juros compostos que não existe nos fundos de investimentos. Nas aplicações em fundos, por exemplo, a cada seis meses o governo federal tributa o imposto de renda do período, descontando do montante total o lucro obtido. Assim, seu capital será reduzido semestralmente e "reaplicado" no mesmo fundo com um valor menor – daí o nome que esse imposto recebeu no jargão financeiro: "*come-cotas*". Você pode ver que isso gerará uma consequência terrível em nosso objetivo final de longo prazo – eis que a maior força motora da independência financeira está sendo atacada: os juros sobre juros.

Um aviso que pega alguns investidores de surpresa: diferentemente de vários produtos financeiros (como os fundos de investimentos e os PGBLs), as **taxas do tesouro direto são cobradas diretamente de você** – e não são descontadas dos títulos. Se você tem um fundo de investimentos, quando vê seu extrato, o valor da taxa de administração (e outras) são descontadas do valor que você tem (e isso, inclusive, diminui o poder dos juros compostos dos fundos) e assim você "nem percebe" que está sendo cobrado. Como o produto "tesouro direto" prima pela transparência das informações, todos semestres as taxas são cobradas de você por meio de sua corretora. Você sempre recebe um email avisando da cobrança, mas **deverá planejar deixar o valor adequado em sua conta de sua corretora de valores nas datas de 1º de julho e 1º de janeiro para tal cobrança.** Tal procedimento é extremamente simples e não exige qualquer burocracia – basta você incluir em sua agenda e em seu planejamento financeiro.

Existe uma dúvida frequente que vários leitores do site www.investindosemmisterio.com.br nos enviam frequentemente: as vantagens de se comprar títulos do tesouro direto em nome diretamente de seus filhos menores. Embora alguns educadores financeiros assim indicarem pelo aspecto psicológico de se tratar de um dinheiro que não será utilizado facilmente antes da maioridade dos filhos e da consecução do objetivo (ex. dinheiro para a faculdade, para a compra do primeiro carro, etc.), entendemos de forma diversa. Em nossa vivência, notamos que o patrimônio em nome de menores é extremamente burocrático – principalmente nas situações em que o menor mais necessitaria do dinheiro. Nesse sentido, nossa percepção é de que as desvantagens burocráticas superariam quaisquer vantagens psicológicas da acumulação do patrimônio diretamente em nome de menores.

Quadro resumo do Tesouro Direto:

### TESOURO DIRETO

| Pontos Positivos | Pontos Negativos |
|---|---|
| - Menor risco do mercado doméstico;<br>- Liquidez diária – indicado para reserva de emergência (Tesouro Selic);<br>- Alta rentabilidade;<br>- Taxas de custódia e administração baixas (mas é necessário pesquisa do investidor);<br>- Papéis variados adequados a diferentes objetivos;<br>- Possibilidade de geração de caixa livre periódico – indicado para aposentadoria ou renda livre periódica (papéis com juros semestrais);<br>- Auxilia o investidor na disciplina e planejamento financeiro.<br>- Não há a cobrança do "come-cotas" (comum em fundos de investimentos). | - Exige um mínimo de esforço (abrir conta em corretora);<br>- Exceto o Tesouro Selic, os demais títulos podem variar no decorrer do tempo (se você vender seu título antes, poderá ter prejuízo);<br>- Cuidado com a concentração do risco – como o produto é muito bom, os investidores tendem a ter quase todo seu patrimônio em títulos do tesouro direto. Não se esqueça da importância da diversificação em produtos de risco diferente. |
| Títulos do Tesouro Direto:<br>- Tesouro prefixado: garantem uma taxa fixa até o vencimento. Apropriados para aplicações de médio prazo (2 a 5 anos) em que o investidor tem a certeza que poderá ficar com o título até o vencimento (evitar a venda antecipada pois há risco de prejuízo).<br>- Tesouro IPCA+: garantem um rendimento real além da inflação. Ideais para objetivos de médio a longo prazo (acima de 3 anos). Evitar a venda antecipada pois há risco de prejuízo.<br>- Tesouro Selic: garantem juros iguais à taxa selic definida pelo Banco Central. Único título cujo valor não apresenta variações de mercado, podendo ser vendido antes do vencimento sem prejuízos (acima de 30 dias para evitar a incidência de IOF). Ideias para a constituição da reserva de emergência.<br>* Obs: os títulos do tesouro prefixados e Tesouro IPCA+ podem vir acompanhados da opção do recebimento de juros semestrais. Normalmente essa possibilidade não é adequada para as pessoas que estão na fase de acumulação de patrimônio para a independência financeira (pois devem sempre reaplicar os frutos dos investimentos para usufruírem do juros compostos). Entretanto, para as pessoas que necessitam de um fluxo de caixa periódico constituem uma excelente aplicação. | |
| Imposto de renda:<br>De 0 a 180 dias de aplicação – imposto de renda de 22,5% sobre o lucro;<br>De 181 a 360 dias de aplicação – imposto de renda de 20% sobre o lucro; | |

De 361 a 720 dias de aplicação – imposto de renda de 17,5% sobre o lucro e
Acima de 720 dias de aplicação – imposto de renda de 15% sobre o lucro.

## Produtos em que você empresta dinheiro a bancos:

Esses produtos normalmente têm a proteção do FGC.

## 1. Poupança

*A Poupança é um bom investimento? E é segura? Existem melhores opções de rentabilidade e segurança?*

A poupança é um investimento de renda fixa pós-fixado de rentabilidade a cada aniversário mensal, com liquidez diária e rentabilidade calculada através de duas formas:

- Para depósitos da poupança ocorridos até 04/05/2012 utiliza-se a chamada "regra antiga" ou "poupança antiga": Rentabilidade = TR (Taxa Referencial calculada pelo Banco Central) + 0,5% ao mês.

- Para depósitos ocorridos de 04/05/2012 em diante, a rentabilidade será:
1) Na hipótese da taxa SELIC estiver acima de 8,5% ao ano: rentabilidade = TR (Taxa Referencial calculada pelo Banco Central) + 0,5% ao mês.
2) Na hipótese da taxa SELIC estiver em 8,5% ao ano ou menos: rentabilidade = TR (Taxa Referencial calculada pelo Banco Central) + 70% da SELIC.

A Taxa Referencial foi instituída em 1991 (no plano Collor) visando a desindexação inflacionária da economia. Ela é calculada pelo Banco Central de acordo com as 30 maiores instituições financeiras no país e seus CDBs, aplicando-se um redutor referente aos juros reais. Apenas para se ter uma ideia da TR, de 2010 a 2016 seu valor médio mensal foi de 0,07651% (ou seja, muito pequena).

**Dessa forma, vemos que a poupança se mostra sempre uma opção ruim em comparação com investimentos que paguem a taxa SELIC.** Suponha que a SELIC seja de 14% ao ano. Assim, a poupança, pela regra nova ou antiga, pagará TR + 6% ao ano. Como a taxa TR é normalmente baixa (pode-se dizer que raramente fique acima de 2% ao ano), temos que os rendimentos da poupança sejam limitados a 8% ao ano. O investimento atrelado à SELIC de 14% ao ano, por sua vez, mesmo com o pagamento das taxas e impostos ficará bem acima do resultado da poupança.

Caso a SELIC abaixe e aproxime dos 8,5%, a TR também reduzirá (vez que é atrelada à taxa dos CDBs), o que implicará em um rendimento da poupança próximo de 6,5 a 7% (ao ano). Na hipótese da SELIC ficar abaixo dos 8,5% ao ano, além da TR continuar baixíssima, haverá um redutor e limitador da poupança a 70% da SELIC.

Logo, vê-se que o produto da poupança visa a classe menos informada (por comodismo, desinteresse ou mesmo por pouca instrução formal) em uma maneira de se angariar lucros imensos às instituições financeiras.

Outra característica não muito interessante da poupança é que ela apesar de possuir liquidez diária tem apenas **rentabilidade no dia do aniversário mensal**. Desse modo, você poderá sacar seu saldo a qualquer dia (liquidez diária), porém apenas terá rendimento no dia do aniversário mensal do depósito. Se, por exemplo, você fez seu depósito no dia 12 do mês e teve que sacar o dinheiro no dia 11 do mês seguinte não terá qualquer rendimento nesse período.

A segurança da poupança refere-se à solidez do banco ao qual você emprestou seu dinheiro e ainda possui a garantia do FGC (Fundo Garantidor de Crédito). Existe, entretanto, um certo mito de que a poupança é o mais seguro dos investimentos. Isso simplesmente não é verdade. Sua segurança é a mesma de qualquer outro produto garantido pelo FGC (como os CDBs, LCIs e LCAs) e menor do que a segurança dos títulos do Tesouro Direto.

Por fim, uma relevante característica positiva da poupança é que ela é isenta de imposto de renda. Infelizmente, mesmo comparada a outros produtos tributados (a maioria dos produtos de investimentos são), ela fornece rendimentos inferiores.

Quadro resumo da poupança:

### POUPANÇA

| *Pontos Positivos* | *Pontos Negativos* |
|---|---|
| - Garantia do FGC; | - Baixíssima rentabilidade; |
| - Cômoda (fácil acesso – qualquer banco comercial); | - Rentabilidade apenas na data de aniversário mensal da aplicação; |
| - Isenta de Imposto de Renda; | |
| - Não há taxa de administração; | |
| - Liquidez diária; | |

### 2. CDBs:

*Saia do lugar comum: CDB não é só o do seu banco comercial!!!!*

CDBs são os certificados de depósitos bancários. Os bancos emitem esse certificados ao pegar o seu dinheiro emprestado para utilizar em seu negócio (emprestar o dinheiro para outros por juros maiores). Assim como os outros investimentos de renda fixa, os juros pagos podem ser prefixados ou pós-fixados.

***Normalmente, a rentabilidade de um CDB está associada a três fatores: comodidade, liquidez e risco.***

Por incrível que pareça, como *muitos brasileiros colocam em primeiro lugar a comodidade e não valorizam de verdade seu suado dinheiro vindo de seu trabalho, os grandes bancos comerciais, mesmo sem uma vantagem de risco (já que todos CDBs são protegidos pelo FGC), pagam taxas muito baixas confiando que seu cliente terá preguiça de pesquisar outros CDBs do mercado.*

Entretanto, atualmente as melhores corretoras de valores disponibilizam uma série de produtos para seus clientes de várias instituições financeiras. Mesmo sem ter conta em corretora, existem aplicativos gratuitos para celular que fornecem uma lista de produtos disponíveis no mercado. Assim, antes de fechar seu CDB com seu banco de relacionamento, confira outras opções.

Outro fator que afeta diretamente a rentabilidade paga é a **liquidez**. Produtos de liquidez mais baixa (por exemplo, que não podem ser retirados até seu vencimento em 2 anos ou mais) tendem a oferecer uma rentabilidade muito maior do que aqueles de liquidez diária. Cabe ao investidor, mais uma vez, tentar casar seus objetivos com o prazo de vencimento dos investimentos para alcançar a máxima rentabilidade.

Por fim, o último fator determinante da rentabilidade é o **risco**. Bancos pequenos implicam em maior risco que grandes instituições com alocação de capital mais conservadora. **Vale lembrar que existe a proteção do FGC para valores de até 250 mil reais (por instituição, por CPF, na data da intervenção – ou seja, contam-se os rendimentos dos investimentos para o teto da proteção)**, o que acabou por nivelar o risco dos CDBs no mercado até este montante. *Um pequeno porém pode ser aqui levantado.* Caso haja a intervenção em uma instituição financeira, trata-se de um processo emocionalmente estressante e demandante para o investidor amador. Além disso, não haverá o pagamento de juros do produto entre a intervenção do Banco Central e o efetivo pagamento – o que pode significar algum tempo. Logo, antes de sair comprando o "CDB que paga melhor de todos", leve em consideração os fatores de risco e simule a diferença real com opções menos arriscadas. Nem sempre ela vai valer a pena.

Como ponto negativo dos CDBs, entendo que, em primeiro lugar, **não existem produtos com prazo efetivamente longo**. Isso significará, acima de tudo, que você terá que, depois de 2 ou 3 anos (em média), sacar seu investimento, pagar o imposto de renda e reaplicar o capital em condições que talvez não sejam as mesmas do produto inicial. Nessa linha, dificilmente eu opto por estes produtos – preferindo o Tesouro Selic para minha reserva de emergência e outros produtos do tesouro direto (Tesouro IPCA+ e Tesouro Prefixado) para os objetivos de médio e longo prazo.

Vale reforçar a discussão anteriormente trazida quando falamos da concentração do patrimônio em tesouro direto. Tirar o dinheiro do tesouro direto e colocá-lo em CDBs não diminui o risco patrimonial em virtude de se tratarem do mesmo risco sistêmico (risco de quebra de todo o sistema financeiro). Caso o tesouro decida por não honrar seus compromissos, considerando que os bancos dependem da liquidez do BACEN e possuem grande parte de seu patrimônio em títulos públicos, provavelmente também os bancos (ou mesmo o FGC) não conseguiriam efetivar seus compromissos.

## CDBs

| Pontos Positivos | Pontos Negativos |
|---|---|
| - Garantia do FGC;<br>- Não há taxa de administração. | - Prazos curtos (normalmente 2 a 4 anos); |
| Imposto de renda:<br>De 0 a 180 dias de aplicação – imposto de renda de 22,5% sobre o lucro;<br>De 181 a 360 dias de aplicação – imposto de renda de 20% sobre o lucro;<br>De 361 a 720 dias de aplicação – imposto de renda de 17,5% sobre o lucro e<br>Acima de 720 dias de aplicação – imposto de renda de 15% sobre o lucro. | |

## 3. LCIs e LCAs

LCIs são as letras de crédito imobiliário e LCAs as letras de crédito agrícola. Nesses instrumentos, você empresta seu dinheiro ao banco que irá emprestá-lo, a taxas maiores, para o mercado imobiliário (com garantias de bens imóveis dos tomadores dos empréstimos) ou do agronegócio.

As carascterísticas das LCIs e LCAs são quase todas iguais às dos CDBs – com uma única e importante diferença: **não há pagamento de imposto de renda para investimentos de pessoas físicas**. Assim, uma vez que o imposto de renda dos CDBs varia de 22,5 a 15% (dependendo do prazo de aplicação), as LCIs e LCAs serão mais atrativas para a mesma taxa. Desde 2015 há um boato na imprensa econômica de que o governo (que sempre, e especialmente agora, está precisando de dinheiro) irá tributar estes produtos.

Para comparar as LCIs e LCAs com os CDBs (ou outros produtos tributados), você deve considerar o prazo de sua aplicação (para ver qual alíquota de imposto de renda será aplicável ao CDB) e descontar o valor do rendimento bruto – chegando ao rendimento líquido. Este percentual é o comparável ao oferecido pelas LCIs e LCAs.

Uma questão interessante nas LCIs é que a liquidez, atualmente, quando indexadas ao CDI, têm uma carência de 60 dias sem poder sacar (mesmo que após a liquidez seja diária – mas o mais comum são produtos sem liquidez e de prazos fechados de um ou dois anos).

Uma ressalva final. Muitas pessoas associam o nome imobiliário (ou mesmo agronegócio) a garantias especiais que estes produtos poderiam oferecer ao investidor (como uma garantia imobiliária ou de cessão de direitos creditórios do agronegócio). Apesar do nome, as LCIs e as LCAs não possuem garantias extras ao investidor, devendo sempre ser analisado seu risco como um produto bancário comum com a garantia do FGC.

## LCIs e LCAs

| Pontos Positivos | Pontos Negativos |
|---|---|
| - Garantia do FGC;<br>- Não há taxa de administração;<br>- Isenção de imposto de renda para pessoas | - Prazos curtos (normalmente 2 a 4 anos);<br>- Liquidez normalmente restrita. |

| físicas. | |
|---|---|

## Produtos em que você empresta dinheiro a empresas:

Esses produtos **NÃO** têm a proteção do FGC.

## 1. Debêntures:

Debênture é um título emitido por uma empresa à qual você empresta seu dinheiro mediante o pagamento de juros prefixados ou pós-fixados (aí podem ser atrelados ao CDI ou à inflação – normalmente ao IPCA).

**A garantia do pagamento do empréstimo normalmente é "apenas" a boa saúde financeira e operacional da empresa, não havendo a garantia do FGC,** motivo pelo qual vale a pena conferir os balanços dos últimos 10 anos da companhia. Normalmente as debêntures pagam taxas superiores ao tesouro direto, CDB e às LCIs e LCAs justamente por este risco maior. Caso a empresa peça recuperação judicial ou falência, você poderá ficar a ver navios e perder todo o valor aplicado (atenção! Isso é mais comum do que parece!). As empresas optam por este instrumento justamente por poder pagar menos juros a você do que pagariam para pegar um empréstimo diretamente com um banco.

O prazo das debêntures costuma ser superior aos dos produtos bancários (em média de 4 a 7 anos) e a liquidez geralmente é muito baixa. Caso você precise do dinheiro antes do vencimento, terá que, provavelmente, vender seu papel no mercado (chamado então de mercado secundário – sendo que o mercado primário é a compra inicial diretamente da companhia).

**Existem, atualmente, as "debêntures incentivadas" ou de infraestrutura. Nesses papéis não há o pagamento de imposto de renda para pessoas físicas**.

Há, por fim, as debêntures conversíveis em ações – sendo um misto de empréstimo com a possibilidade de se tornar sócio da companhia. São menos usuais do que as debêntures não conversíveis (que é uma dívida pura e simples).

### Debêntures

| Pontos Positivos | Pontos Negativos |
|---|---|
| - Não há taxa de administração; <br> - Prazos médios (normalmente 4 a 7 anos); <br> - Rentabilidade superior a produtos bancários (CDBs, LCIs, LCAs, etc.); <br> - Isenção de imposto de renda para pessoas físicas em "debêntures incentivadas". | - Liquidez normalmente restrita; <br> - Não há Garantia do FGC; |
| Imposto de renda (Debêntures "não incentivadas"): <br> De 0 a 180 dias de aplicação – imposto de renda de 22,5% sobre o lucro; | |

De 181 a 360 dias de aplicação – imposto de renda de 20% sobre o lucro;
De 361 a 720 dias de aplicação – imposto de renda de 17,5% sobre o lucro e
Acima de 720 dias de aplicação – imposto de renda de 15% sobre o lucro.

## 2. CRIs e CRAs:

Os CRIs (Certificados de Recebíveis Imobiliários) e os CRAs (Certificados de Recebíveis do Agronegócio) são dívidas das empresas (e não dos bancos) com garantia (imobiliária ou de recebíveis do agronegócio) especial. São como as debêntures, mas com uma pequena garantia a mais.

Como não são produtos bancários, **não há a garantia do FGC (Fundo Garantidor de Crédito)**. Apesar de ser um produto superior às debêntures (por haver outra garantia além da mera saúde financeira da empresa), a verdade é que, na maioria dos casos, na hipótese de dificuldades financeiras o prejuízo poderá ser substancial – demonstrando sua inferioridade em relação ao risco dos produtos bancários ou do tesouro direto. Entretanto, como já abordamos antes, os títulos com lastro real e fora do mercado financeiro podem ser uma forma interessante de se diminuir a concentração do patrimônio em poucos produtos. Deve-se lembrar, por outro lado, que, em caso de colapso total das finanças, quase sempre também as empresas e os cidadãos são atingidos.

Os pontos positivos interessantes dos produtos são a **isenção de imposto de renda no investimento da pessoa física e as altas rentabilidades que estão associadas a esse risco maior**. Seus prazos médios – similares às debêntures –, são vantajosos porquanto oferecem uma taxa alta por um tempo significativo (não se consegue isso muito bem com os produtos bancários que são de curta duração).

O lado negativo dos produtos, além da falta de garantia do FGC, é que a **liquidez mostra-se normalmente restrita** (dependendo do mercado secundário para a venda do título antes do vencimento). Além disso, o valor inicial de aplicação é geralmente alto – o que impede o acesso do pequeno investidor (usualmente acima de R$300.000,00).

### CRIs e CRAs

| Pontos Positivos | Pontos Negativos |
|---|---|
| - Não há taxa de administração; | - Liquidez normalmente restrita; |
| - Prazos médios (normalmente 4 a 7 anos); | - Normalmente alto valor de aplicação inicial; |
| - Rentabilidade superior a produtos bancários (CDBs, LCIs, LCAs, etc.); | - Não há Garantia do FGC. |
| - Isenção de imposto de renda para pessoas físicas. | |
| - Interessante para diversificação (saída do risco do sistema financeiro). | |

## Capítulo 3.2. Produtos financeiros de renda variável:

Como abordamos anteriormente, os investimentos de renda fixa são aqueles com a forma de cálculo dos juros já definidos na aplicação (prefixados ou pós-fixados – normalmente atrelados à SELIC/CDI ou à inflação).

**A renda variável, por sua vez, não tem qualquer acordo prévio fixo em relação à remuneração do capital investido.** A expectativa de ganho dependerá das circunstâncias específicas do negócio e da aplicação em questão. Assim, enquanto na renda fixa se pode estimar os lucros (ex. supor a inflação que ocorrerá no país nos próximos 3 anos) e pensar os prejuízos (ex. risco de uma empresa ou um banco não pagar uma debênture ou CDB) com certa margem de acuidade, na renda variável a estimativa é muito mais imprecisa – tanto para o campo dos lucros quanto para o dos prejuízos. É muito comum a ocorrência tanto de grandes lucros quanto de grande prejuízos na renda variável – talvez por isso mesmo ela seja tão sedutora e tão mortal ao investidor amador.

No próximo capítulo abordaremos a questão da metodologia da construção do patrimônio visando à independência financeira do investidor amador. Por ora, falaremos tão somente que nossa abordagem não é especulativa, mas embasada no valor do ativo que se compra em renda variável (e mesmo na renda fixa). Assim, tudo o que falaremos aqui visará não ao enriquecimento fácil e imediato do investidor amador, mas à lenta, gradual e segura acumulação de patrimônio ao longo de décadas.

Portanto, não pense em multiplicar seu patrimônio na renda variável. Pense nela como um instrumento de diversificação de aplicações em ativos reais que, possivelmente, gerarão um retorno a longo prazo superior ao da renda fixa.

## 1. Ações:

**O investimento em ações é, por mais paradoxal que possa parecer, muito famoso e, ao mesmo tempo, desconhecido do brasileiro.** Quando alguém diz que investe em ações, a impressão que se dá é de um investidor quase profissional, conhecedor da difícil arte de analisar balanços de empresas, cenários macroeconômicos e alocação de capital.

Nada poderia ser mais distante da realidade. A grande maioria das pessoas físicas que está no mercado acionário não consegue nem minimamente diferenciar a bolsa de valores de um cassino – e acaba tendo os mesmos resultados de um jogo de azar.

Para se ter uma chance de ser bem sucedido no mercado de ações, deve o investidor amador conhecer os fundamentos que sistematizam sua lógica interna – e não se perder no mar de informações irrelevantes que inundam a área.

As ações são literalmente "partes" das companhias negociadas em bolsa. Assim, ao adquirir uma ação de uma empresa, você está comprando parte do negócio – da mesma forma que estaria comprando parte de uma academia de ginástica de seu bairro.

Desta feita, para se comprar ações, existem certos parâmetros de análise que devem ser verificados – e que não se diferenciam muito da análise da aquisição do pequeno negócio que existe em seu bairro. Seriam eles:

*- O setor e ramo do negócio (o setor é interessante? A concorrência é predatória?);*
*- A história da empresa (trata-se de uma empresa sólida? É líder do setor? Está bem colocada no setor? Tem algum diferencial?);*
*- A saúde financeira e operacional da empresa (a empresa dá lucros sistematicamente? A receita vem aumentando? As margens entre a receita e o lucro são boas e crescentes? A empresa tem muitas dívidas?);*
*- Quais são as perspectivas futuras da empresa?*

Essa análise deve ser feita necessariamente **no mínimo uma vez por ano** (se possível a cada trimestre) com base, primordialmente, nos balanços trimestrais (ou no balanço anual) da empresa. É um estudo que apesar de parecer trabalhoso pode ser realizado em um tempo muito pequeno após certa experiência (cerca de 10 minutos por trimestre por empresa).

A estratégia de comprar empresas com base em seus fundamentos de balaço contábil é chamada de **análise fundamentalista** e normalmente é associada ao estudo de alguns parâmetros. Esses indicadores contábeis são muito usuais de referência para "justificar" uma compra ou um argumento que a ação está "barata" ou "cara", devendo ser utilizados com cautela pelo investidor amador.

Incluímos aqui alguns parâmetros de análise de empresas que consideramos importantes para a escolha de boas ações. Cabe aqui, entretanto, uma ressalva. Uma vez que o livro se destina ao investidor amador, **nossa abordagem aqui será superficial e busca, apenas, fornecer ao leitor os primeiros passos na análise de empresas – sendo que o estudo das ações, balanços patrimoniais e gráficos de preços e outro indicadores podem se aprofundar infinitamente.** Nesse intento, fica o aviso de que você não precisa se preocupar se se sentir um pouco perdido nas próximas linhas. No caso de você se sentir confuso e entender que o tema é muito complexo, não desanime. Ao final, apontaremos o que consideramos o mais simples e essencial para você escolher as suas ações. Apenas abordaremos alguns outros parâmetros no desenvolver do capítulo para dar mais consistência ao estudo dos que entenderem precisar de mais subsídio para a análise das empresas. Nessa trilha, os indicadores mais comuns na análise dos balanços das companhias são:

- ROE: (Return on equity ou retorno sobre o patrimônio) = Lucro Líquido/ (dividido pelo) Patrimônio Líquido. Também conhecido como rentabilidade do capital próprio ou lucratividade, mede o retorno que o capital dos acionistas está dando em termos percentuais. Assim, pode-se comparar com os demais investimentos disponíveis no mercado.

- LPA (Lucro por ação) = Lucro liquido/ número de ações.

- P/L (ou *payback*) = Preço da ação/ Lucro líquido por ação. Este indicador é dado em anos e mostra em quanto tempo o preço que se pagou pela ação será revertido ao investidor sob a forma de lucros. Se o PL é de 8, significa que, pelos resultados atuais, em 8 anos, a empresa gerará lucros suficientes para cobrir o valor pago hoje pela ação.

- VPA (Valor patrimonial por ação) = Patrimônio da empresa (ou valor contábil da empresa)/ número de ações. Quanto a ação deveria custar se só levássemos em conta os ativos e passivos e o número de ações.

- P/VPA: relação entre o preço de mercado da ação e o valor patrimonial da ação. Indica a relação entre o valor de mercado da ação e o patrimônio real da empresa.

- Market Cap = P x número de ações. É o valor de mercado da empresa considerado o preço atual de suas ações.

- DPA = dividendos distribuídos/ número de ações. É o valor em reais que cada ação pagou nos últimos 12 meses aos donos das respectivas ações. Esses pagamentos são chamados de dividendos e caem diretamente na conta da corretora de valores do investidor. São isentos de imposto de renda. Outro pagamento feito pelas ações diretamente na conta da corretora do investidor são os chamados Juros sobre capital próprio (JCP). Os JCP são exatamente como os dividendos: uma forma de distribuição dos lucros aos acionistas. Entretanto, enquanto nos dividendos a empresa paga os tributos sobre o lucro e depois distribui aos acionistas, nos JCP a empresa contabiliza essa distribuição como despesas financeiras e transfere ao investidor o ônus do pagamento do tributo. Essa opção por JCP é feita pela empresa e você deve levar em conta o valor líquido que recebe, já que a corretora de valores fará o desconto do imposto na fonte e depositará o valor líquido em sua conta. Existem excelentes empresas que pagam dividendos ou que pagam JCP (ou mesmo que pagam ambos).

- *Payout* = DPA/LPA. É o percentual dos lucros que são revertidos aos acionistas como dividendos ou Juros sobre o capital próprio (JCP). Se uma empresa tem um *payout* de 30%, isso significa que 30% dos lucros são revertidos aos acionistas na forma de dividendos ou JCP. Os outros 70% dos lucros, nesse caso, ficam na empresa e retornam ao negócio para possibilitar novos investimentos no processo produtivo.

- Dividend Yield = dividendos dos últimos 12 meses/preço da ação. É medido em percentual. Refere-se ao percentual do preço da ação que retorna ao investidor como dividendos em um ano. Caso o dividend yield de uma ação seja de 5%, isso significa que, quem comprou a ação a R$100,00, teve R$5,00 de pagamento de dividendos no ano.

- Receita Líquida: são os montantes recebidos pela empresa oriundo de seu negócio.

- Lucro Líquido: é o resultado da empresa. Após receber as receitas de seu negócios, a empresa paga os custos de sua produção e despesas de vendas, despesas financeiras (dinheiro que pegou emprestado) e outras e chega-se ao lucro líquido. É este o resultado mais importante ao acionista minoritário – vez que apenas uma empresa que lucra constantemente pode aumentar seu valor com o tempo ou distribuir dividendos. Todos os outros parâmetros aqui apresentados são menos importantes do que a consistência dos lucros do negócio.

- Margem líquida = Lucro líquido/ Receita líquida. É o percentual das receitas que se transformaram em lucros. Se uma empresa tem uma margem de 20%, isso significa que, a cada real que ela vendeu, 20 centavos se transformam em lucros.

- Patrimônio líquido = Ativos - passivos. É o valor contábil da empresa, o montante objetivo pertencente aos acionistas.

- Caixa: Dinheiro que a companhia tem em mãos – normalmente dinheiro em caixa, aplicações financeiras, etc.

- Dívida Bruta: dívidas que a companhia fez com bancos ou emissão de debêntures. As dívidas de longo prazo são aquelas exigíveis em 2 ou mais anos. As de curto prazo, por sua vez, têm um vencimento anterior aos 2 anos (normalmente considera-se de curto prazo as dívidas que vencerão no presente exercício).

- Dívida Líquida = Dívida total (bruta) - caixa. O quanto de endividamento efetivo a empresa possui.

Da mesma forma que foi dito que o lucro é o parâmetro mais importante para o pequeno investidor, o segundo conceito mais importante para se identificar boas empresas reside na quantidade de endividamento da companhia. Toda dívida crescente pode ficar fora de controle, na medida em que a empresa terá que pagar seus juros – o que sairá do que ela ganha em produtividade e, assim, diminuirá suas margens. Empresas com grande e crescente endividamento devem ser evitadas.

- EBIT (Earnings before interest and taxes – ganhos antes do pagamento de juros e impostos) e EBITDA (earnings before interest, taxes, depreciation, and amortization – ganhos antes do pagamento de juros, impostos, depreciação e amortização): esses indicadores informam o "lucro operacional" da empresa antes do pagamento de juros, impostos, depreciação de seu ativo e amortizações de dívidas. Em breves palavras, indicam como a empresa está gerindo suas operações.

- Free Float: é o percentual de ações livre para negociações no mercado. São as ações que não pertencem a controladores e diretores da empresa e ações em tesouraria. Quanto maior o free float, maior a liquidez da ação e mais fácil sua negociação (cabe ressalvar, entretanto, que o maior indicador de liquidez é a média de negócios realizados com a ação por dia – o que é fornecido por qualquer corretora). Uma concentração muito grande com controladores não é interessante ao investidor amador pois ele fica refém das decisões dos grandes acionistas.

- Governança corporativa: é a forma como a empresa é gerida. Para o investidor amador, significa o respeito ao acionista minoritário em relação às decisões da companhia. Entre os atos de governança corporativa que o investidor amador deve se atentar, estão a divulgação de balanços auditados em que as informações estejam claras e diretamente explicadas, a remuneração adequada de executivos e diretores, presença de "*tag along*" nas ações (veja abaixo a explicação), o costume de a empresa divulgar imediatamente ao público qualquer fato relevante, etc. Enfim, a governança corporativa indica o grau de transparência e ética de tratamento dos acionistas minoritário. Nesse sentido, a BM&FBOVESPA criou uma classificação das companhias em níveis de governança, sendo que seu maior nível é o "*Novo Mercado*".

Nesse nível de governança (Nível "Novo Mercado"), a Bolsa exige que a empresa cumpra certas condições especiais, como a existência apenas de ações ordinárias (ON – com direito a voto) e com "*tag along*" (que significa que, no caso da venda do controle da empresa, todos os acionistas têm o direito de vender suas ações pelo preço recebido pelo anterior controlador); free float de, no mínimo, 25%; divulgação transparente e auditada dos balanços; publicidade das informações relevantes e composição do conselho de administração com participação de conselheiros independentes e com mandato de 2 anos.

**Como dissemos anteriormente, muitas pessoas chegam nesse ponto das informações sobre ações com um certo desespero em relação ao excesso de termos técnicos apresentados. Se este é o seu caso, não desanime! Saiba que muito do que apresentei não é tão relevante assim, mas precisava constar no livro para que ele tivesse consistência.** Nos seus investimentos (e também nos meus) você irá notar que não usará muito do que expus e do que ainda falarei sobre as ações. É importante, porém, que você saiba que existem certas análises e que você pode se aprofundar em alguma ou algumas delas – caso sinta a necessidade.

*Passaremos agora ao passo a passo de como começar a investir em ações!*

Antes de começarmos à técnica de escolha de boas ações, existe uma dúvida comum e tranquila de ser abordada. Muitos se perdem nos **códigos das ações** e em seus tipos. Cada empresa listada em bolsa possui um código de **4 letras e um número**. Essa sequência de letras é escolhida pela companhia ao vender suas ações na bolsa e normalmente refletem de forma abreviada o nome ou o negócio da empresa. Assim, AMBEV será negociada no código ABEV; Brasil Foods no código BRFS; Bradesco será BBDC e Vale será VALE mesmo. Não se preocupe em nada com o código de uma empresa. Para sabê-lo basta digitar o nome da empresa no Google que ele aparecerá imediatamente.

Após as 4 letras, há um número que indica, no caso das ações (não trataremos aqui a respeito de opções, direitos de subscrições, etc.), se se trata de uma ação ordinária (numeral 3 – ON – ordinária nominativa) ou preferencial (4 – PN – preferencial nominativa). Logo, os papéis ITUB3 referem-se às ações ordinárias do Banco Itaú-Unibanco e os papéis ITUB4 às ações preferenciais. Nessa trilha, vamos esclarecer um pouco sobre a diferença entre as **ações ordinárias e as preferenciais**.

Em termos acadêmicos e teóricos, as ações ordinárias são aquelas com direito a voto, enquanto as preferenciais têm prioridade na distribuição de dividendos (fixo ou mínimo) e no reembolso do capital em caso de falência ou fechamento (o reembolso do capital nas hipóteses de falência são muitíssimo incomuns), mas não possuem direito a voto e não possuem *tag along* (por lei, mas pode ser dado pela empresa).

No aspecto prático e útil ao investidor amador, importa saber que a Lei das S.A.s dá aos acionistas minoritários com ações ordinárias (apenas) o direito de receber, no mínimo, 80% do valor pago pelo comprador do controle da companhia (no caso de aquisição da empresa). Esse direito, como já vimos chama-se *tag along* e sempre deve ser levado em consideração pelo investidor. Pode parecer um detalhe, mas muitos casos já aconteceram de compra de empresas em que as ações preferenciais, como não possuem o *tag along*, desvalorizam-se substancialmente em relação às ordinárias.

Assim, como investidor amador só compre ações ON (3). O fato de ser um minoritário na empresa já te coloca em uma situação fragilizada. Não aumente essa vulnerabilidade comprando ações PN (4).

Alguns leitores do site *investindosemmisterio.com.br* frequentemente afirmam que, como seu foco pessoal são os dividendos, eles investem em ações preferenciais pois optam por privilegiar os pagamentos desses proventos do que a garantia do tag along. Entretanto, apesar de ter lógica formal, na prática o raciocínio não se sustenta. Em primeiro lugar, na prática a distribuição dos dividendos é muito similar nas ações preferenciais e ordinárias. Além disso, quando há o pagamento de dividendos, a ação se desvaloriza na mesma quantia, não havendo uma verdadeira vantagem. Logo, se a ação ITUB4 paga R$1,00 de dividendos em determinado dia e estava cotada a R$23,00, no dia seguinte ela abrirá o pregão valendo R$22,00. Assim, nesse mesmo exemplo, se a ação ITUB3 estivesse também cotada a R$23,00 e não pagou dividendos (por ser ordinária – repito aqui que esse caso não é o mais comum na prática), no dia seguinte ela continuará valendo R$23,00. Por conseguinte, não existe vantagem real em receber os dividendos, sendo que, na minha opinião, prefiro que os recursos fiquem na companhia pois, se ela for realmente boa, conseguirá reinvestir os lucros de forma mais eficaz e proveitosa que eu.

Mais um temor infundado dos investidores iniciantes refere-se ao mito – muitas vezes repetido – de que só se deve entrar no mercado de ações se você tiver um dinheiro significativo para colocar na bolsa. Isso é uma crença extremamente mal fundamentada e até mesmo perigosa. Os que dizem nesse sentido, normalmente afirmam que as taxas de corretagem (normalmente, em média, R$20,00 por operação – podendo ser muito menor, dependendo da corretora) ficam proporcionalmente impeditivas para pequenas operações (por exemplo, caso você compre R$400,00 em ações, pagando R$20,00 em corretagem, teria um custo de 5% do investimento total apenas no custo da operação – o que é alto). Além disso, afirmam que, para investir valores pequenos (como os abaixo de R$500,00) o ganho potencial não valeria a pena pelo estudo necessário ao conhecimento do mercado de ações.

Em minha opinião, ao contrário das justificativas apontadas, o investidor iniciante em ações deve começar com compras (não mais do que 2 por mês) de, no máximo, R$500,00 por, no mínimo, 3 meses. Efetivamente os valores proporcionais gastos com corretagem serão altos, mas não os valores absolutos. Você deve considerar esses pagamentos como custos de seu aprendizado – e não propriamente como custos da operação. Nesse período, você deve estudar sobre as empresas a serem adquiridas e sobre o mercado de ações. Ademais, perceba se você está ficando muito ansioso com o sobe e desce das ações. Seu objetivo não deve ser acompanhar as cotações, e sim os resultados trimestrais dos balanços das empresas.

Em algum tempo, ao se sentir confortável com a análise das empresas e com a volatilidade do mercado, você irá aumentar suas compras de forma gradativa – mas nunca deve comprar, de uma vez só, uma quantidade vultosa de qualquer ação (por mais que lhe pareça, no momento, uma "oportunidade imperdível").

Nessa trilha, é importante que falemos agora do "**mercado fracionário**" da bolsa de valores. As ações das companhias, como vimos, são vendidas com um código de 4 letras e um número (ex. ITUB3). Além disso, elas são vendidas em um lote padrão de 100 ações. Assim, caso a ação ITUB3 esteja cotada em R$21,00 em determinado momento, a comercialização mais normal será em múltiplos de 100 ações. Logo, o investidor irá desembolsar, no mínimo, R$2100,00 (além da corretagem média de R$20,00).

Como dito acima, entendemos que, quando o investidor amador inicia na bolsa, deve realizar compras pequenas, de, no máximo, R$500,00 – o que, às vezes, impossibilita a compra de um lote padrão de 100 ações. Nesses casos, pode-se comprar tranquilamente as ações que se deseja no chamado mercado fracionário.

Suponha que você esteja começando na bolsa e, após seus estudos iniciais para escolher algumas boas empresas para ser sócio, decida aplicar, todo mês, R$300,00 no mercado de ações durante 6 meses. Assim, na primeira aplicação, você vai ao site da corretora e em seu "*home broker*" (aplicativo para desktop ou celular que permite que você veja as cotações em tempo real e efetue compras e vendas) e verifica que a cotação de sua empresa (suponha **ITUB3F – para saber as cotações das ações no mercado fracionário, basta colocar a letra "F" após o código da ação que esteja interessado**) é de R$21,00. Considerando que você quer investir R$300,00, poderá comprar 13 ações a R$21,00 (totalizando R$273) – deixando R$27,00 para cobrir as taxas de corretagem (normalmente as corretoras oferecem preços especiais para esses pequenos negócios).

No mercado fracionário, diferentemente do que ocorre com o mercado padrão, pode-se comprar e vender qualquer número de ações – sendo que a única diferença é que o número de negócios fracionários no dia costuma ser menor.

Antes de introduzir o assunto da metodologia do investimento em ações, ainda cabe um breve esclarecimento sobre uma nomenclatura muito utilizada no mercado de ações. Em linhas gerais, diz-se que o estudo do investimento em ações pode ser feito por parâmetros **fundamentalistas ou técnicos**. Nosso estudo apresentado aqui no livro será fundamentalista (**análise fundamentalista**) – já que leva em consideração os fundamentos das empresas expostos em seus balanços contábeis.

A **análise técnica**, por sua vez, parte do pressuposto de que os operadores do mercado financeiro e as equipes executivas das empresas listadas – por experiência, conhecimento ou mesmo por informações privilegiadas (nunca se sabe ao certo) – sempre farão movimentos de antecipação ao restante do mercado para auferir maiores lucros. Embora as informações que possuam ainda não seja acessível a todo público, seus movimentos irão aparecer no gráfico de cotação e volume de ações – fornecendo elementos suficientes ao investidor se antecipar ao mercado e ganhar com esse conhecimento. A análise técnica, então, irá se utilizar somente dos gráficos da ação – por isso é também chamada de grafista.

Existem diversos investidores que se fiam na análise gráfica e obtém bons resultados. Nossa abordagem, entretanto, é totalmente focada nos fundamentos das empresas – já que a entendemos mais racional e apropriada ao investidor amador (vez que consideramos a compra de uma ação como a compra efetiva de uma parte do negócio e que, no longo prazo, o preço da ação refletirá sua saúde operacional e financeira). Frise-se, por outro lado, que, na prática, muitos investidores se utilizam de uma metodologia própria unindo ambas abordagens – normalmente com o predomínio de uma delas.

Nessa trilha, iremos começar nossa abordagem de como iniciar a formação de um patrimônio em ações. Lembre-se que, no próximo capítulo, apresentaremos um método para a construção de um patrimônio sólido e bem diversificado. Aqui, trataremos da parcela desse patrimônio que será alocada em ações.

A metodologia de aplicação em ações que entendemos mais adequada parte, como falamos, da análise fundamentalista. Além disso, **ela consiste em comprar apenas ações de empresas que já demonstraram durante muito tempo sua excelência operacional, financeira e com respeito aos acionistas minoritários (governança corporativa** – veja o que já falamos acima). Nesse sentido, em nossa abordagem não se permite a compra de empresas como apostas em mercados novos, empresas ruins que se tornarão boas (as chamadas "*turnarounds*"), empresas que estão abrindo o capital na bolsa de valores (os chamados *IPOs – do inglês Initial Public Offering*) e, principalmente, conselhos de amigos, vizinhos, parentes e o pior, da mídia financeira.

O investidor amador deve escolher, inicialmente, aproximadamente 20 ações, em setores diversos da economia (não escolher todas do mesmo setor para diversificar o risco – como repetimos incansavelmente, o risco é o pior inimigo do investidor amador e não a baixa rentabilidade), listadas em bolsa que possam ser consideradas por ele como "boas empresas". Dessas 20 empresas, deve-se fazer um plano de investimento em, no mínimo, 10 delas de diferentes setores. Esse plano deve contemplar ao menos uma compra mensal por um ano.

À medida que o investidor for se acostumando ao mercado de ações e à sua volatilidade, sugere-se aumentar o número de empresas como forma de se diluir o risco.

### *Como escolher boas empresas?*

Os critérios para se escolher boas empresas são totalmente subjetivos e individuais. Além dos parâmetros gerais (a empresa deve ter boas operações – boas margens entre receita e lucro; boa saúde financeira – não pode ter muitas dívidas e pagar muitos juros; e boa governança – tratar o acionista minoritário com respeito), cada investidor dará um peso diferente a cada tipo de característica e cada mercado. O importante é que você deve, após selecionar suas candidatas a receber seu rico dinheiro, acessar os últimos balanços dessas companhias e estudá-los para tomar sua decisão final. Como dissemos acima, os parâmetros que devem ser analisados são a consistência dos lucros; a quantidade de endividamento; a eficiência operacional; a evolução das receitas e margens e a governança corporativa.

Isso pode parecer difícil e trabalhoso, mas, em verdade, não é. Na página da internet de cada empresa selecionada e na própria página da BM&FBovespa (http://www.bmfbovespa.com.br) são disponibilizados todos os balanços necessários para a análise das empresas de forma fácil e direta.

Além disso, existem excelentes serviços gratuitos e pagos na internet que fornecem as informações de análise de balanços contábeis. Tomamos a liberdade de indicar o site http://www.bastter.com pela eficiência, objetividade e por seguir nossa linha de abordagem em relação às ações, aos investimentos e à formação patrimonial como um todo. Diga-se de passagem que não temos qualquer relação com o site, exceto a admiração pela excelência do serviço prestado, não havendo, portanto, qualquer conflito de interesses na indicação.

A análise dos balanços das empresas pode ser feita de forma anual (balanço anual das empresas) ou trimestral (a cada trimestre as empresas publicam seus resultados), mas, necessariamente, ela deve ser feita. Nunca o investidor amador deve confundir a presente estratégia, chamada no meio financeiro de *"Buy and Hold"* (compre a ação e permaneça com ela), com a estratégia *"Buy and Forget"* (o investidor compra a ação e nunca mais estuda o desempenho da empresa, "torcendo" que ela irá se valorizar).

Com o estudo periódico das ações, pode-se perceber se uma empresa que era muito boa (sempre lucrativa, com margens crescentes, pouco endividamento e boa governança) passou a ser ruim (deixou de dar lucros, se tornou endividada, está envolvida em operações prejudiciais aos acionistas, etc.). Nesse caso, deve o investidor amador vender suas ações e realocar o patrimônio em algo que tenha valor. No último capítulo aprofundaremos na discussão entre valor e preço. Em linhas gerais, para se constituir um patrimônio sólido, deve-se sempre alocar diversificadamente em produtos que tenham valor. Caso algum produto perca o valor em qualquer momento, deve-se sair do produto e realocar a quantia em algo que tenha valor.

|  | Ações |
|---|---|
| *Pontos Positivos* | *Pontos Negativos* |
| - Rentabilidade no longo prazo superior aos produtos de renda fixa; <br> - Isenção de imposto de renda para pessoas físicas nas vendas abaixo de R$20.000,00 por mês. <br> - Interessante para diversificação (saída do risco do sistema bancário). | - Risco; <br> - Volatilidade; <br> - Necessidade de estudo e certa dedicação. |

## 2. ETFs:

Os ETFs (Exchange Traded Funds) são fundos de renda variável comercializados na bolsa de valores como se fossem ações. Os ETFs visam a aplicar o dinheiro do investidor de forma a obter os mesmos resultados de um índice qualquer que se propõe a seguir.

Na bolsa brasileira, existem índices que visam a replicar o Ibovespa (ações mais negociadas – ex. BOVA11), o índice IBrX50 (cinquenta ações mais negociadas na bolsa – ex. PIBB11), o IDIV (índice de dividendos – ex. DIVO11), o ISE (Índice de Sustentabilidade Empresarial – ex. ISUS11), além de índices setoriais ou "temáticos" (como ações de empresas menores – "small caps" SMAL11). Existem cerca de 15 ETFs listados na bolsa atualmente, sendo que sua liquidez é bem reduzida.

Como pontos positivos dos ETFs, podemos citar que se trata de uma forma de diversificação para sair do sistema financeiro e mitigar os riscos de quebra generalizada do sistema bancário, vez que, comprando o ETF o investidor coloca seu dinheiro no setor produtivo. Outra vantagem é que, com uma única compra tem-se acesso a várias empresas. Caso essa operação fosse feita diretamente com a compra de ações, em cada operação se pagaria uma corretagem.

Além disso, comparados com outros fundos de ações (por exemplo, com os fundos de ações dos bancos comerciais), as taxas de administração são substancialmente menores, eis que, nos bancos, as taxas variam de 1% a 5% a.a., enquanto nos ETFs costumam variar de 0,059% (PIBB11) a 0,69%a.a. (SMAL11).

Muitos ainda apontam como vantagem desse produto o fato de poder se aplicar no mercado de ações sem a necessidade de estudo, que é característica da compra de ações na metodologia *Buy and Hold*. Contudo, apesar de entendermos ser válido o argumento, temos a posição de que a perda de rentabilidade, os custos e a mínima necessidade de estudo constante não justificam o abandono da compra direta de ações. Na prática, o estudo e a dedicação serão mínimos e os resultados em muito superarão o da compra dos ETFs.

Os pontos negativos dos ETFs são aqueles próprios da renda variável (risco e volatilidade), somados às particularidades do produto. Em primeiro lugar, o principal ponto negativo dos ETFs refere-se ao fato de que eles não possuem a isenção de imposto de renda das vendas de ações mensais até R$20.000,00 para pessoas físicas. Isso significa uma diminuição de 15% sobre o lucro em comparação direta das ações com os ETFs – o que é extremamente relevante. Associado a isso, existe a burocracia no recolhimento do imposto de renda através de DARF (documento de arrecadação de receitas federais) e a necessidade de declaração das operações no imposto de renda anual. Ademais, há nos ETFs a taxa de administração.

Outra grande desvantagem, em nossa ótica, é a impossibilidade da escolha e constante avaliação do que seriam as "boas" empresas para emprestar seu dinheiro. Nos ETFs, a escolha é feita através de um índice. Independentemente de qual for o critério do índice (baseado nos maiores volumes de negócios, nos setores – por exemplo: elétricas, educacional, petrolífero, financeiro, consumo, etc. –, na "sustentabilidade", no pequeno capital, ou outro), ele nunca refletirá os critérios pessoais e subjetivos do investidor amador na escolha de "suas" empresas. Assim, naturalmente terá empresas que não sejam altamente lucrativas – e isso, no longo prazo, refletirá na menor rentabilidade de um ETF em comparação com uma carteira de boas empresas.

### ETFs

| Pontos Positivos | Pontos Negativos |
|---|---|
| - Interessante para diversificação (saída do risco do sistema bancário).<br>- Permite a compra de diversas empresas com uma só corretagem;<br>- Não exigem o mesmo estudo e dedicação que a compra de ações direta;<br>- A taxa de administração dos ETFs é muito inferior à taxa de administração dos fundos de ações das instituições financeiras. | - Risco;<br>- Volatilidade;<br>- Não possuem a isenção de imposto de renda para pessoas físicas nas vendas abaixo de R$20.000,00 por mês;<br>- Necessariamente o próprio investidor deverá recolher o imposto de renda da operação através de DARF (documento de arrecadação de receitas federais) – o que é um pouco burocrático;<br>- Retira o poder de escolha do investidor. Como todo índice possui empresas que não poderiam ser consideradas "boas", isso refletirá na rentabilidade total;<br>- Há taxa de administração (diferentemente da compra direta de ações);<br>- Baixa liquidez no mercado acionário brasileiro (poucos negócios diários). |

### 3. FIIs:

Os Fundos de Investimento Imobiliários (FIIs) são fundos que visam angariar recursos para a aplicação em empreendimentos imobiliários (compra de imóveis, construção e locação e mesmo operações financeiras com fundo imobiliário). O fundo é dividido em cotas e estas podem ser comercializadas na bolsa de valores do mesmo modo que as ações (inclusive pelo Home Broker).

Os FIIs são classificados aqui como renda variável (e não como investimentos em imóveis) pela mesma razão que as LCIs e CRIs foram classificadas como produtos de renda fixa. Em verdade, apesar de, no fundo dos negócios realizados por qualquer FII existir um lastro real, ele não representa uma garantia real *stricto sensu* para o investidor (que não terá seu nome gravado no Registro de Imóveis como credor com garantia imobiliária). Assim, apesar do produto oferecer uma garantia superior (por haver um lastro remoto em um imóvel), não podemos afirmar que seja um investimento direto em imóveis.

Entretanto, feita essa primeira observação, podemos dizer que os traços dos FIIs são **assemelháveis e comparáveis com os investimentos em imóveis**. Quando se adquire uma cota de um FII, espera-se, além da **valorização da cota** (que seria comparável à valorização do imóvel físico), o recebimento de **rendimentos oriundos do imóvel** (que seriam os aluguéis dos imóveis). Essa é uma primeira e grande vantagem dos FIIs: **o pagamento mensal de um rendimento** – o que, no longo prazo, pode gerar um fluxo positivo para a manutenção do investidor.

Além do rendimento mensal, importante sublinhar que esses rendimentos **possuem isenção de imposto de renda** – o que deixa a comparação com os aluguéis ainda mais defasada (já que os aluguéis somam-se aos rendimentos na declaração do imposto de renda – muitas vezes sendo tributados pela alíquota máxima vigente).

Cabe notar, entretanto, que a isenção de imposto de renda refere-se aos rendimentos mensais dos fundos, e não ao ganho de capital oriundo da venda das cotas com lucro. Não se aplica aqui, também, a isenção de imposto de renda na venda mensal de até R$20.000,00 em ações.

Outra característica favorável dos FIIs em relação à compra de imóveis refere-se a **simplicidade** (não há burocracia cartorária, sendo as cotas adquiridas imediatamente por meio do Home Broker), a liquidez (podendo as cotas serem vendidas a qualquer momento da mesma forma como as ações), **a possibilidade de se investir em imóveis com pequenas quantias, aos poucos e sem alavancagem** (sem financiamentos imobiliários) e **delegação da administração do imóvel** (que, no caso dos imóveis físicos, ou o investidor toma para si a gerência de sua locação ou delega essa tarefa a uma corretora em troca de parte dos rendimentos). Ademais, os fundos normalmente investem em várias frentes (ex. vários locais, vários inquilinos, etc.), o que **reduz os riscos característicos dos imóveis** (vacância, perda de valor, depredação, etc.).

Cabe ainda apontar que o investimento em fundos imobiliários é uma **forma de diversificação do risco existente em se concentrar todos os recursos no mercado financeiro** (discussão acima sobre a concentração em títulos do tesouro direto). Assim como as ações, o investimento em FIIs corresponde a uma compra de um ativo real, efetivamente existente fora do mercado financeiro. Logo, em caso de colapso completo do sistema financeiro os FIIs serão afetados (já que, por exemplo, muitas pessoas e empresas vão parar de pagar aluguel), mas os imóveis continuarão a existir.

**Os pontos negativos dos FIIs são muito similares às ações no que tange à intrínseca volatilidade e risco que acompanham os produtos de renda variável**. Além disso, assim, como as ações, existe a necessidade de estudo dos produtos e certa dedicação periódica para acompanhar os resultados. O raciocínio é o mesmo: deve-se escolher FIIs com um negócio que o investidor entenda atraente (p.ex., a locação de imóveis a agências bancárias, a locação comercial, o investimento em outros fundos e produtos imobiliários, etc.); o fundo deve entregar resultados operacionais interessantes (bom retorno, baixas taxas de vacância, bons planos para o futuro do fundo) e deve haver respeito ao cotista. Na página da BM&FBovespa (http://www.bmfbovespa.com.br), há uma listagem dos fundos existentes em bolsa e os informes das corretoras de valores e de sites especializados que podem fornecer um material inicial para o estudo dos fundos candidatos a receber seu dinheiro. Outro ponto de partida pode ser a observação do IFIX (Índice de Fundos de Investimentos Imobiliários) visando aos fundos que possuam mais liquidez.

### FIIs

| Pontos Positivos | Pontos Negativos |
|---|---|
| - Rentabilidade no longo prazo similar ao investimento direto em imóveis; <br> - Formação de um fluxo de caixa mensal pelos rendimentos dos FIIs; <br> - Isenção de imposto de renda para pessoas físicas sobre o rendimento distribuído pelo fundo. *Atenção: o ganho que se tem na venda das cotas dos fundos é tributável. <br> - Simplicidade e liquidez maior que o investimento em imóveis. <br> - Possibilidade de investimento imobiliário com pequenas quantias, aos poucos e sem alavancagem. <br> - Delegação da administração do imóvel mais barata que uma corretora de imóveis. <br> - Pulverização do risco pela existência de vários locadores e outras fontes de receitas; <br> - Interessante para diversificação (saída do risco do sistema bancário). | - Risco; <br> - Volatilidade; <br> - Alguns fundos não têm liquidez adequada (número de negócios realizados por dia é muito baixo). <br> - Necessidade de estudo e certa dedicação; <br> - Há taxa de administração e custos de manutenção dos FIIs; <br> - Lastro não é totalmente "real" (no sentido de que o investidor não consta na escritura dos imóveis, havendo a intermediação do fundo na garantia). |

Antes de passarmos adiante na análise dos outros produtos financeiros, cabe registrar que não abordamos neste livro as operações de renda fixa ou variável com opções (e outros derivativos), BDRs (Brazilian Depositary Receipts), especulações sobre o índice e câmbio, investimentos no exterior e outras operações por entendermos que, além de serem destinadas a investidores com mais experiência e que já possuam um patrimônio consolidado, na maioria dos casos não refletem verdadeiras operações de investimento (em valor) – e sim de especulação (sobre os preços futuros) – motivo pelo qual preferimos não as utilizar. Fica a ressalva, entretanto, como repetido por diversas vezes no livro, que a posição aqui exposta não é a "verdade" sobre os investimentos. Ela apenas é coerente com a visão sobre a acumulação de patrimônio que desenvolvi por estudo, tentativa e erro – e que funciona para mim e para a maioria absoluta das pessoas.

## Capítulo 3.3. Outros produtos financeiros:

### 1. PGBL e VGBL:

Iniciaremos esta sessão do livro com os produtos mais atrelados à aposentadoria: PGBL e o VGBL.

O PGBL (Plano Gerador de Benefícios Livres) e o VGBL (Vida Gerador de Benefícios Livres) consistem em produtos em que **você irá emprestar seu dinheiro a uma entidade seguradora ou de previdência complementar por certo tempo (chamado de período de diferimento) para que, após o vencimento do plano, receba uma renda mensal (que pode ser vitalícia ou por tempo determinado) ou um pagamento único.**

Em ambos os casos, **o imposto de renda incide apenas no momento do resgate, não havendo o famigerado "come-cotas"** (cobrança de imposto de renda semestral que ocorre nos fundos de investimentos e que diminui substancialmente a rentabilidade no longo prazo). **A diferença, entretanto, é que, no PGBL a tributação se dá sobre o valor total investido, enquanto no VGBL o imposto é cobrado apenas sobre os rendimentos.**

A lógica para esse tipo de tributação é a seguinte: nos PGBLs, existe um benefício fiscal (inexistente nos VGBLs) em que todo valor aportado (até o limite máximo de 12% dos rendimentos brutos anuais do contribuinte – só valendo a pena, então, para aqueles que fazem a declaração completa de Imposto de Renda – e não para a declaração simplificada – em que o produto mais adequado é o VGBL) não é tributado no presente – só o sendo no futuro e por uma alíquota muito menor. Assim, todo o valor investido, como não foi tributado no presente, será quando de seu resgate.

Os valores aplicados no VGBL, por sua vez, não possuem o benefício fiscal do diferimento (adiamento) e abatimento da base de cálculo do imposto de renda dos PGBLs. Assim, os valores aplicados no VGBL serão tributados apenas em seus rendimentos quando de seu saque – como qualquer investimento – uma vez que não contaram com o benefício do adiamento do pagamento do imposto.

Além dessa questão relacionada ao benefício fiscal de diferimento do pagamento dos PGBLs, existem duas opções de tributação: **a tabela progressiva e a tributação regressiva**. O investidor deve fazer essa opção com a empresa que gerencia seu plano de previdência privada.

A opção pela tabela progressiva indica simplesmente que o investidor deseja que os rendimentos de sua previdência privada devem ser tratados como "mais um salário" que irá receber (como se tivesse um segundo emprego). Dessa forma, tanto no caso de resgate antecipado como de recebimento de proventos ao final, os valores serão somados às outras fontes de renda e será feito o cálculo do imposto de renda a pagar. Normalmente essa opção só é vantajosa nos casos em que a pessoa não possui renda declarável ou imagina que irá se aposentar com uma renda baixa (aí incluídas outras rendas, como aluguéis) – inferior à segunda alíquota do Imposto de renda pessoa física (aproximadamente R$ 3000,00 mensais).

Caso o investidor pense que receberá uma aposentadoria (e rendimentos) maior do que R$3000,00 na data do saque (mensal ou periódico) de seu plano, deverá escolher a tributação regressiva. Nessa tabela, quanto mais tempo se deixa o dinheiro no PGBL, menor será a tributação (apesar de começar muito alta – 35% -, a cada 2 anos há uma diminuição de 5% na alíquota). Tabela Regressiva:

| Prazo do investimento: | Alíquota de IR: |
| --- | --- |
| Até 2 anos | 35% |
| De 2 a 4 anos | 30% |
| De 4 a 6 anos | 25% |
| De 6 a 8 anos | 20% |
| De 8 a 10 anos | 15% |
| Acima de 10 anos | 10% |

Note que essa tabela regressiva é extremamente interessante para investimentos de longo prazo e vale tanto para os produtos PGBL como para VGBL.

No caso do investidor que opte por um PGBL, ele poderá se utilizar do máximo aproveitamento de ambos benefícios fiscais. Além de adiar o pagamento do imposto de renda sobre até 12% de seus rendimentos brutos (adiando por décadas, poderá ficar com o benefício dos juros compostos para si – e não entregá-los para o governo), quando for efetivamente pagar o imposto, ao invés de pagar uma alíquota alta (que poderia ser de 27,5% quando do investimento), pagará uma alíquota muito menor (10%). Essa combinação é a maior atratividade dos PGBLs.

Alguns leitores do site *investindosemmisterio.com.br* me informaram uma estratégia que pode ser considerada interessante. Visando auferir o maior benefício fiscal e a maior rentabilidade, eles fazem seus aportes anuais de 12% e, após cada um desses aportes completar dez anos, eles sacam a quantia que já se encontra na menor alíquota e investem em outros produtos do mercado. Essa é uma estratégia muito eficaz e só tem como ponto negativo o fato de que a parcela que ficará alocada em previdência privada nunca será elevada. Mas de acordo com o planejamento de independência financeira de cada um, pode fazer todo o sentido.

Uma observação que vale a pena fazer é que eu, particularmente, recomendo que, **faltando 10 anos para o fim do período de acumulação do plano, o investidor pare de realizar seus aportes pois não usufruirá do benefício total da tabela regressiva**. Nesse caso, considere alocar em outros produtos de investimentos (inclusive a contratação de outro plano com prazo de acumulação superior a 10 anos).

**Outra característica peculiar da previdência privada é que, ao chegar ao fim do período de diferimento, você terá a opção de sacar todo o dinheiro de uma só vez ou**

receber parcelas mensais pelo resto de sua vida (dependendo do plano, também haverá a opção de receber parcelas mensais por prazo determinado). Essa escolha é algo extremamente pessoal e deve ser analisada no momento do início da fase de recebimento dos valores. Em primeiro lugar, deve o investidor comparar a quantia que poderia receber de uma vez só e o quanto poderia conseguir de juros reais em investimentos conservadores. Além disso, caso tenda a optar pela renda mensal vitalícia, deverá fazer uma análise objetiva de suas condições de saúde – o que o brasileiro odeia fazer por não gostar de temas relacionados ao falecimento – uma vez que, optando pela renda vitalícia, entrará em uma "aposta" de que viverá mais tempo do que o prazo em que o valor, caso fosse recebido de uma só vez, duraria. Veja bem, na hipótese da escolha da renda mensal vitalícia, caso o segurado morra após alguns meses, nenhum valor será passado a seus herdeiros – sendo, portanto, uma aposta que pode ser interessante, mas que deve ser feita de forma consciente.

Outra qualidade interessantíssima dos produtos é a possibilidade de sua utilização em um **planejamento sucessório**. Diferentemente do que ocorre com valores em conta corrente, aplicações bancárias e outros investimentos de forma geral, os valores de PGBLs e VGBLs passam diretamente para os beneficiários indicados pelo investidor – sem passar pelo inventário ou necessidade de alvará judicial – o que é um benefício excelente para os mais precavidos e permite o recebimento de quantia suficiente para se prover a família em um primeiro momento, enquanto se espera o desenrolar e os custos do efetivo processo de inventário – se for o caso (breve parênteses: sugerimos ao investidor amador, ao chegar aos seus anos mais adiantados, que faça esse planejamento de distribuição de quase todo patrimônio aos herdeiros em vida. Como o Brasil é a terra da burocracia infinita, adiantar substancialmente essa questão aos seus entes amados é um cuidado tão importante quanto garantir sua sobrevivência material depois de nossa partida).

**Apesar das características extremamente positivas desses produtos, cabe frisar que, caso o investidor não se atente às taxas cobradas, tudo será em vão.** Um PGBL caro (com altas taxas de administração e carregamento) e mal gerido (com rentabilidade muito abaixo do CDI) não resultará em nenhum dos benefícios acima expostos. A taxa de administração é o valor cobrado pelo gestor profissional para fazer a burocracia necessária (ex. registros, movimentações, informações, etc.) e aplicar os valores no mercado. A "estranha" taxa de carregamento é uma espécie de pedágio que se paga inicialmente para se aplicar no plano. Cabe ao investidor pesquisar as taxas de administração e carregamento oferecidas e optar pelo melhor plano em sua faixa de contribuição anual (normalmente, um bom plano cobra abaixo de 1,5%a.a. de taxa de administração e não cobra taxa de carregamento).

Importante assinalar que existe a possibilidade de o investidor, já tendo contratado e investido em plano PGBL e percebido as altas taxas e (ou) baixa rentabilidade de seu fundo, **solicitar a portabilidade para outro fundo mais interessante**. Essa operação é super simples e só depende de sua pesquisa com a nova instituição e posterior entrada em contato com aquele que mereça seu dinheiro. Lembre-se, entretanto, que alguns planos possuem um prazo de carência e até mesmo uma taxa de saída para aqueles que desejem retirar seus recursos – vale a pena verificar o seu plano e, talvez, aguardar esse período até realizar o próximo aporte (ou já aportar no plano para onde se deseja realizar a portabilidade).

Registre-se que não há a portabilidade entre planos PGBL e VGBL (a portabilidade só se dá entre planos PGBL – PGBL ou VGBL – VGBL).

**Como dissemos antes, ao início do período do benefício (e fim do período de acumulação ou diferimento), será dada a opção ao investidor de, basicamente, sacar tudo de uma vez ou receber as parcelas mensais até sua morte. Para verificar qual opção é a melhor, tal deverá ser feito tão somente no momento do vencimento do plano pois existem fatores que somente ficarão claros na época futura.** Por exemplo, suponha que você tenha R$1.000.000,00 acumulados (e poderia sacar esse valor imediatamente) e a instituição te ofereça o pagamento de R$10.000,00 por mês até a sua morte. Qual a melhor opção?

Em verdade, para se analisar qual a melhor opção, deve-se verificar, principalmente, qual a taxa básica de juros à época, a diversificação do patrimônio do investidor em questão e também seu estado geral de saúde e expectativa particular de vida.

Caso o investidor não tenha outro patrimônio a deixar a seus herdeiros senão o valor do plano nunca deverá escolher as parcelas mensais pois, por mais que sejam superiores às aplicações correntes, não serão destinadas a seus herdeiros em caso de morte prematura.

Na hipótese, por outro lado, de um investidor com patrimônio diversificado mas com uma doença degenerativa e (ou) com baixa expectativa particular de vida, também deve ser preferido o saque do valor total pelas mesmas razões.

Por fim, no caso de um investidor com patrimônio bem diversificado (por exemplo, com valores no PGBL que correspondem a 10% de seu patrimônio total), seus herdeiros ficarão bem mesmo que aconteça sua morte prematura. Além disso, caso ele esteja bem de saúde e sem motivos para entender que uma morte em um horizonte de tempo médio seja provável, poderá fazer sentido optar pelo recebimento mensal vitalício.

Nessa trilha, deverá comparar o recebimento mensal proposto pelo banco até o fim de sua vida com um investimento do valor total do plano em uma aplicação conservadora (por exemplo, atualmente com a taxa Selic). O rendimento mensal da instituição deverá ser substancialmente superior na comparação, uma vez que carrega consigo o risco da morte prematura trazer a "transferência" de todo o valor à seguradora. No exemplo proposto acima, supondo, por exemplo, uma taxa selic anual de 12% ao ano (1%a.m.), vemos que o valor proposto pelo banco seria insuficiente para a escolha da renda vitalícia (já que conseguiríamos praticamente a mesma coisa em uma aplicação com baixo risco e com o dinheiro total em nosso nome).

A instituição, para a proposta de valor mensal vitalício a ser pago quando do início do benefício, utilizará das chamadas **tábuas biométricas de sobrevivência (ou tábuas atuariais)**. Essas tábuas biométricas só têm relevância nos casos das pessoas que vão optar pela renda mensal vitalícia – o que, pelo que expusemos antes, serão uma minoria.

Entretanto, como só se saberá se valerá a pena ou não essa opção, importante falarmos um pouco sobre essas tabelas.

As tábuas atuariais ou biométricas de sobrevivência são tabelas estatísticas com as probabilidades de sobrevivência de uma população. A escolha da tábua de um determinado plano de PGBL ou VGBL está explícita no livreto de "Condições Gerais" que deve ser fornecido a cada investidor quando da contratação do plano. Essa informação também deve estar disponível com o profissional que faz a venda do plano ou mesmo na internet. Normalmente, os planos brasileiros utilizam as tábuas AT-49, AT-83 e AT-2000 (sendo a melhor a AT-49 e a pior a AT-2000). Em cada uma das tábuas, quanto menor a expectativa de vida, maior será a renda destinada ao segurado.

Cabe ainda uma observação: os produtos de previdência privada **não contam com a garantia do Fundo Garantidor de Crédito**. A garantia de pagamento da aposentadoria privada (ou do saque integral dos recursos) é "apenas" a solidez da companhia seguradora que faz o gerenciamento dos montantes. Como no Brasil há uma profícua história de calote em entidades desse tipo (caixas, pecúlios e montepios das décadas de 70 e 80 e outros casos), é mais uma vez interessante bater na tecla da importância da diversificação. Não se trata de não ter os produtos de previdência privada e sim de não colocar todo o seu patrimônio concentrado unicamente neles.

### PGBLs e VGBLs

| Pontos Positivos | Pontos Negativos |
|---|---|
| - Benefício Fiscal de adiamento do pagamento do imposto de renda (PGBLs); <br> - Possível Tributação Regressiva; <br> - Não há o "come cotas"; <br> - Possibilidade de se aproveitar do benefício fiscal da tabela regressiva fazendo saques após os 10 anos (não necessariamente esperando o prazo final do plano); <br> - Possibilidade de escolha entre receber todo o valor de uma só vez ou em parcelas mensais (servindo como um complemento à aposentadoria). <br> - Planejamento Sucessório. <br> - Alguns empregadores fazem aportes a seus empregados. | - Taxas de administração, carregamento e saída devem ser verificadas com cuidado e comparadas entre as diversas instituições. Caso contrário, o rendimento a longo prazo poderá ser extremamente prejudicado. <br> - Embora haja portabilidade entre PGBLs entre si e VGBLs entre si, não há portabilidade entre VGBLs e PGBLs. <br> - Não há garantia do FGC (Fundo Garantidor de Crédito). |

### Quando usar

| PGBLs | VGBL |
|---|---|
| - Declaração completa do IR. <br> - Aplicar no máximo 12% dos rendimentos brutos anuais. O montante extra deve ser aplicado em VGBL. | - Declaração simplificada do IR. <br> - Os valores aplicados não são abatidos da base de cálculo do Imposto de Renda. |

## 2. INSS:

Apesar de se tratar de um livro sobre investimentos, sentimos a necessidade de falar algumas poucas palavras sobre a importância do investidor que não possua previdência obrigatoriamente por seu emprego (pois não é servidor público ou não tem carteira assinada) de se colocar na posição de segurado do INSS.

Cabe a ressalva de que o assunto é extremamente complexo e não somos especialistas nem do ponto de vista jurídico ou do prático. Nosso objetivo, assim, é apenas informar noções básicas, porém importantíssimas, sobre as vantagens de se contribuir ao INSS.

Em primeiro lugar, **sugerimos uma contribuição sobre o valor mínimo possível** (um salário mínimo) em virtude de que **esse é o valor que possibilita os maiores reajustes futuros com as mínimas contribuições**. Obviamente que não se trata de garantir toda sua subsistência em caso de aposentadoria (ou outra hipótese de cobertura do INSS), mas, no espírito de diversificar os investimentos, pulverizar os futuros geradores de caixa para o investidor.

Nesse sentido, sugere-se a contribuição como Contribuinte Individual (ou como Microempreendedor Individual – que paga uma taxa mensal que inclui o INSS). Os benefícios possíveis com o INSS são o auxílio-doença, a aposentadoria por idade (ou por tempo de serviço), o salário maternidade, pensão a familiares ou dependentes e o auxílio reclusão.

Basicamente existem dois tipos de contribuição utilizados pelo contribuinte individual:

- Contribuinte individual autônomo que presta serviço a pessoa física e quer recolher 20% do seu salário todos os meses (código 1007 no INSS): irá ter direito à aposentadoria por idade e por tempo de serviço – além dos outros benefícios.
- Contribuinte individual autônomo que presta serviço a pessoa física e quer recolher 11% do salário mínimo (código 1163 no INSS): apenas irá ter direito à aposentadoria por idade – além dos outros benefícios.

O benefício da aposentadoria é calculado de acordo com as 80% maiores contribuições mensais ao longo dos anos. A previdência pagará 85% desse valor médio. Como dissemos antes, caso sua contribuição seja sobre o valor mínimo (um salário mínimo), não haverá qualquer abatimento e você receberá sempre o salário mínimo (não ficando defasado em número de salários mínimos ao longo do tempo). Para ilustrar: caso você contribua em cima de 3 salários mínimos, aposentará com 85% disso (2,55 Salários Mínimos). Ao longo do tempo, o salário mínimo sempre será reajustado anualmente em percentual superior ao restante dos benefícios. Assim, em dez anos, provavelmente você não estará recebendo muito mais que 1,5 salários mínimos. Para quem contribuiu toda uma vida em cima de 3 salários mínimos, é muitíssimo injusto receber apenas pouco mais do que aquele que contribuiu sobre 1 salário mínimo – daí nossa recomendação de sempre contribuir o mínimo possível (11%) sobre o mínimo (1 salário mínimo) visando obter praticamente todas as coberturas do INSS (exceto a aposentadoria por tempo de serviço).

INSS

| Pontos Positivos | Pontos Negativos |
|---|---|
| - Seguro com baixa contribuição e boa coberturas. | - Regras podem variar muito ao longo do tempo e sempre no sentido de se limitarem os benefícios e aumentarem as contribuições dos segurados (não há compromisso com a observância do que foi "contratado" no início das contribuições). <br> - Uma vez que, segundo nosso entendimento, não vale a pena contribuir acima do mínimo (um salário mínimo), os benefícios apenas complementarão a renda necessária à independência financeira. |

### 3. Prudential, Mongeral, etc. – seguros resgatáveis:

A máxima mais usada no mercado financeiro talvez seja o ditado *"não existe almoço grátis"*. Digo isso porque, de tempos em tempos, surgem produtos específicos que confundem o raciocínio do investidor. Este, entretanto, se partir do pressuposto de que não há como criar dinheiro ("almoço grátis") poderá identificar propostas que talvez não sejam seu melhor interesse – e sim da empresa vendedora e intermediária.

Em verdade, as pessoas conhecem os seguros (que, em muitos casos, são indicados) e os investimentos – não havendo interseção entre eles. Quando você faz um seguro, quer se garantir contra um risco e não aplicar seu dinheiro da melhor forma possível. Quando faz um investimento, por outro lado, quer emprestar seu dinheiro a alguém que se compromete a devolvê-lo, após certo tempo, pelo maior retorno possível e com o menor risco de calote. **A modalidade "seguro resgatável", entretanto, tenta criar um meio-termo entre o seguro e o investimento.** Nessa modalidade, você entregará um dinheiro a certa seguradora. Parte desse dinheiro será considerado como investimento e parte como seguro propriamente dito. Caso você pague, por exemplo, R$500,00 mensais a título de "seguro resgatável" a uma empresa, estará pagando, R$400,00 como investimento e R$100,00 como seguro. Esse valor relativo ao seguro não será devolvido – pois corresponde a uma contraprestação por um serviço (de segurar um bem – como o seguro de vida), enquanto o valor correspondente ao investimento será devolvido com base em parâmetros pré-fixados (como em qualquer investimento em renda fixa).

Como não existe almoço grátis, caso a empresa seja sólida, deverá embutir no preço do seguro resgatável a reserva para o pagamento dos sinistros e o pagamento dos juros pactuados. Normalmente as empresas que trabalham com esses seguros oferecem taxas de retorno da parcela relativa ao investimento bem inferior aos produtos de investimento propriamente dito existentes no mercado e ainda cobram uma "taxa de saída" para resgates antecipados.

Assim, minha recomendação é que o investidor amador faça (ainda que com as empresas mais famosas pelo "seguro resgatável") apenas seguros simples (não resgatáveis) após ampla cotação no mercado e invista seu dinheiro nos produtos tradicionais expostos nesse livro.

### *Seguros Resgatáveis*

| Pontos Positivos | Pontos Negativos |
|---|---|
| - Não vislumbrado. | - Ao unir duas modalidades que não se confundem (seguros e investimentos), normalmente as empresas que trabalham com esse segmento tentam ganhar em ambas as pontas (no seguro e no pagamento de juros de seu investimento – que são piores que os praticados no mercado). Vale mais a pena cotar o seguro no mercado e investir nos produtos tradicionais. |

## 4. Fundos de Investimentos:

Em poucas palavras, **investir em fundos de investimentos implica em contratar alguém para gerenciar seu patrimônio e aplicar nos mesmos produtos expostos nesse livro.** Fora algumas exceções bem específicas – e que cumprem uma finalidade própria (ex. Fundos de Investimentos Imobiliários – os FIIs que vimos anteriormente; Fundos de Investimentos que alocam o capital no exterior – talvez relevante para diversificação das pessoas que possuem um patrimônio considerável aplicar parte de seus recursos no exterior sem os ônus próprios de abrir uma conta fora do Brasil; fundos cambiais – para se evitar comprar a moeda estrangeira em espécie, etc.), os fundos de investimentos só são vantajosos para os gestores dos fundos.

**Os piores fundos de investimentos normalmente são aqueles dos bancos comerciais.** Cobram uma taxa de administração absurda para aplicar o dinheiro dos correntistas comodistas que não desejam pesquisar outros fundos e (ou) aprender sobre outras modalidades de investimento. Esses fundos normalmente aplicam em títulos do tesouro (que a pessoa poderia comprar em menos de um minuto pelo site do tesouro direto) ou em ações (que normalmente são escolhidas por fatores diferentes do que o investidor usaria para montar sua carteira).

**Tanto é assim que, após a retirada das taxas de administração, nunca um fundo de renda fixa entregará mais rendimento do que a compra direta dos títulos do tesouro direto. Em fundos de renda variável, por sua vez, após descontada, no longo prazo, a taxa de administração e performance, quase nenhum fundo é capaz de bater o simples índice aritmético da bolsa.**

Além das altas taxas de administração, há a incidência, nos fundos de investimentos, do chamado **"come cotas"** – a cobrança de imposto de renda semestral que incide sobre os ganhos do fundo – e **não existe a proteção do FGC** (Fundo Garantidor de Crédito), o que os distanciam ainda mais dos produtos que poderiam ser diretamente adquiridos (títulos públicos, títulos privados ou ações).

Nossa recomendação é, portanto, não se utilizar dos fundos de investimentos – exceto se você verificar uma necessidade especial (fundos cambiais, fundos que aplicam no exterior, fundos imobiliários, etc.). Já que você decidiu ler esse livro e tomar o passo no sentido da construção de seu patrimônio, otimize a sua consolidação e não perca um precioso diferencial de juros que seriam pagos à administração que você é plenamente capaz de fazer!

### Fundos de Investimentos

| Pontos Positivos | Pontos Negativos |
|---|---|
| - Podem ser adequados a necessidades específicas (ex. fundo cambial; fundo com alocação no exterior; fundos imobiliários, etc.). | - O administrador do fundo normalmente aplica em produtos que você poderia aplicar.<br>- A taxa de administração normalmente é cara.<br>- A alocação dos recursos normalmente segue critérios de alocação que você não seguiria.<br>- Incide o "come cotas".<br>- Não há a proteção do FGC. |

## 5. Imóveis:

A aplicação direta em imóveis (compra de terrenos, lojas, salas, apartamentos, casas, fazendas, etc.), normalmente é muito especializada e considerada como um passo posterior na vida de um investidor amador, uma vez que implica em grande mobilização de recursos financeiros.

Aqui tentaremos traçar alguns aspectos de caráter geral sobre a lógica da compra de imóveis.

**Quando se compra um imóvel para investimento (e não para morar), geralmente se busca a segurança da aplicação em um ativo real, sua valorização e o pagamento de aluguéis.**

A segurança – que muitos consideram como um dado do imóvel – é muitas vezes restrita por problemas cartorários ou mesmo pela tomada de posse em lotes, fazenda e mesmo habitações. Considerando que a justiça brasileira não prima pela rapidez e eficiência na solução dos problemas, a segurança que se busca em um imóvel pode ser totalmente corrompida.

Da mesma forma, o pagamento de aluguéis além de ser proporcionalmente inferior à rentabilidade dos diversos produtos do mercado (podemos estimar, em média, de 0,3% a 0,6% a.m. "*antes do imposto de renda*" sobre valor do imóvel – dependendo de suas características: comercial ou residencial; ponto; conservação; localização; tamanho, etc.), também conta com a característica de que, no Brasil, aquele que não cumpre com suas obrigações conta com uma certa ineficiência da justiça. Não são poucos os casos de leitores do site *investindosemmisterio.com.br* que informam que alugaram seus imóveis, jamais receberam uma prestação sequer e só conseguiram reavê-lo após anos (normalmente depredados e sem o pagamento das taxas de condomínio e IPTU).

Quanto à possível valorização do imóvel, a verdade é que ninguém sabe se realmente ocorrerá – sendo uma aposta cega. A compra de imóveis na planta visando sua valorização, em nossa opinião, também é um péssimo negócio. Nesse caso, na situação de atraso ou mesmo da não entrega do imóvel (inúmeros casos de falência ou recuperação judicial das construtoras ou incorporadores deixam os adquirentes com perdas imensas), a relação risco/retorno mostra-se péssima ao comprador. Vale mais a pena pesquisar por muito tempo e comprar um imóvel, ainda que mais caro, já entregue, pronto para morar, desimpedido (em relação a óbices cartorários ou da justiça) e, de preferência à vista ou com pouquíssimo a financiar. Cabe uma pequena observação. Caso o leitor decida adquirir um imóvel, recomendamos que faça o possível para a liberação de seu FGTS em virtude da baixíssima rentabilidade dos valores lá alocados.

**Assim, sugerimos ao leitor que apenas adquira um imóvel para residir nele – e nunca como forma de investimento. Além disso, somente faça isso para adquirir o apartamento definitivo** – já que, em cada "troca" de apartamento, aproximadamente 10% de seu valor será gasto nos intermediários (impostos, cartório, corretor, reforma, mobiliário, etc.). Logo, em um momento inicial da vida, principalmente para recém casados (que não deviam começar o desafio da vida a dois – que, diga-se de passagem, é extremamente demandante e difícil – somando um outro fator de estresse consubstanciado no financiamento imobiliário), creio que o ideal seja alugar um local barato e aproveitar para acumular um patrimônio significativo em pouco tempo.

Outras dicas pertinentes à aquisição de um imóvel próprio:
- Prefira imóveis com certo tempo de entrega pela construtora (de 2 a 5 anos). Nesse período o primeiro comprador e o condomínio já realizaram uma série de gastos (como armários, decoração, iluminação, melhorias, etc.) que normalmente não serão repassados ao próximo comprador.
- Procure imóveis com uma taxa de condomínio pequena e, de preferência, menor que a praticada pelo mercado para a mesma área comum. Além disso, verifique se há prestações condominiais em atraso.
- Evite comprar imóveis que foram alterados (por exemplo, transformados de 4 para 3 quartos) pois isso dificultará uma eventual venda futura.
- Evite regiões novas com vizinhança ainda não definida. Isso pode reduzir substancialmente o valor do imóvel e constitui um risco oculto muitas vezes subvalorizado.

Caso o investidor possua um patrimônio estupendo, entretanto, poderá desconsiderar a sugestão acima no sentido de utilizar os imóveis para diversificar e diluir seu risco.

### Imóveis

| Pontos Positivos | Pontos Negativos |
| --- | --- |
| - Segurança.<br>- Aplicação em ativos reais (saída do risco do sistema financeiro). | - Baixa rentabilidade dos aluguéis.<br>- Imprevisibilidade sobre a valorização (inclusive para apartamentos na planta – em que se tem de incluir o alto risco).<br>- Alta concentração de capital nas aquisições de imóveis e alta parcela do patrimônio alocada em imóveis.<br>- Alto custo de movimentação do patrimônio.<br>- Baixa liquidez. |

## 6. Dólar e Ouro:

Nesse último item sobre os investimentos, trataremos sobre a alocação de patrimônio em dólar (ou outras moedas) e ouro. Mais uma vez faremos a ressalva de que o livro trata dos investimentos focados no investidor amador. Assim, não abordaremos investimentos mais complexos (como, por exemplo, opções, mercados de commodities, e operações estruturadas – que consistem em apostas especulativas com uma garantia) ou inusitados (como novas formas de investimento altamente arriscadas e suspeitas – como FOREX, Bitcoins, etc.).

Também não consideraremos a estruturação de um novo negócio como uma modalidade de investimento para o investidor amador. No caso do pequeno investidor, a participação em empresas apenas será considerada como "investimento" na situação já tratada no livro da compra de ações de empresas de capital aberto. Tal se dá uma vez que o leitor precisa conscientizar-se que, para quem tem pouco capital, montar uma empresa exige toda a dedicação, experiência na área e expertise – sendo melhor classificada como um trabalho de tempo integral – e não um investimento em que se procura proteger e rentabilizar o patrimônio acumulado visando a, com seus frutos, conseguir a independência financeira sem dedicação intensa e diária.

Inicialmente, talvez pela herança das décadas de 70 a 90, muitos investidores consideram a compra de dólares como um investimento visando à manutenção do poder de compra da moeda. Apesar de, no passado, tal abordagem possivelmente ter feito sentido, atualmente consideramos que não vale a pena.

Em primeiro lugar, ao comprar a moeda em espécie existem taxas relevantes que já diminuem sua rentabilidade e seu objetivo de preservar o poder de compra. Além disso, assim como comprar ouro "in natura" (barras ou lingotes de ouro), o risco associado é muito grande. Soma-se a isso o fato de que também nos países que emitem a moeda (EUA – no caso da compra de dólares) há inflação que não pode ser desconsiderada no longo prazo e a característica de que a cotação de moedas é muito instável – o que implicará em uma redução da eficiência da manutenção do valor.

Pelos mesmos motivos também consideramos como desaconselhável a alocação de parte do patrimônio em fundos cambiais (fundos que seguem a variação do Euro ou do Dólar, por exemplo). Esses produtos não protegem o investidor da inflação do país emissor da moeda e não consistem em aplicações em ativos ou empresas daquele país – sendo uma mera aposta na cotação das moedas (diferentemente dos fundos de investimentos com alocação da carteira no exterior). Os fundos cambiais, além de não conseguirem uma remuneração adequada do capital alocado em comparação com investimentos no país estrangeiro, ainda cobram a famigerada taxa de administração e há a incidência de imposto de renda e semestralmente do "come cotas" (adiantamento semestral da cobrança do imposto de renda).

**Dessa forma, entendemos que o investidor amador apenas deve aderir a algum ou alguns desses produtos quando tiver alguma viagem agendada para o exterior.** Nesse caso, vale a pena ir comprando a moeda aos poucos ou mesmo aplicar em um fundo cambial para garantir que, na data fixada, tenha o poder de compra suficiente para ser utilizado no país destino.

O ouro, por sua vez, foi considerado até recentemente na história econômica mundial como único lastro viável para a emissão das moedas. Nesse sentido, muitos ainda acreditam que, no caso de grande crises, apenas as reservas do metal de um determinado país possam assegurar a manutenção da confiança no funcionamento da economia.

Assim, o ouro é considerado no mercado como uma reserva de valor que dificilmente sofrerá grandes valorizações ou desvalorizações – exceto nos casos de grande crises (quando o metal irá se valorizar substancialmente).

Como já dito acima, entendemos que o ouro físico em lingote (em barras) consiste em risco inadequado a ser assumido pelo investidor amador. Por sua vez, à medida que o investidor amador vê crescer substancialmente seu patrimônio, pode se caracterizar como uma alocação para se diversificar o risco. **Nessa hipótese, caso o investidor tenha esse interesse, sugerimos a alocação de não mais do que 5% do total do patrimônio em contratos de ouro da bolsa de valores (por meio de uma corretora de valores) ou ouro escritural (você não fica com a barra de ouro – ela fica no banco que cobrará uma pesada taxa para a custódia – e você recebe um certificado disso) junto a grande bancos.**

### Dólar (moedas estrangeiras)

| *Pontos Positivos* | *Pontos Negativos* |
|---|---|
| - Preparar para uma viagem ou temporada no exterior. | - Spreads (diferença entre preço de compra e de venda) e taxas significativas, o que diminui a rentabilidade. |
| | - Risco pessoal de se possuir dólar em |

| | espécie. |
| :--- | :--- |
| | - Não protege contra a inflação do país emissor da moeda. |
| | - Cotação muito instável e com grandes saltos (possibilidade da realização de compras ruins). |
| | - No caso dos fundos cambiais, ainda há a cobrança de taxa de administração e do "come cotas" e não há a aplicação dos recursos no setor produtivo do país emissor. |

## *Ouro*

| *Pontos Positivos* | *Pontos Negativos* |
| :--- | :--- |
| - Reserva de Valor.<br>- Pode servir ao objetivo de diversificação para grandes patrimônios já consolidados. | - Possuir barras de ouro representa um risco pessoal inadequado.<br>- Baixa rentabilidade (normalmente).<br>- Contratos de ouro ou ouro escritural, apesar de serem mais seguros (o investidor não fica com o ouro), implicam em altas taxas de custódia – o que diminui ainda mais a rentabilidade. |

# Capítulo 4: Método de Acumulação de Patrimônio

No presente livro, tratamos, no primeiro capítulo de conceitos básicos de educação financeira e da importância de se investir. No segundo capítulo, a seu turno, trabalhamos com os princípios básicos que devem ser compreendidos e, mais importante, aplicados pelo investidor amador na construção de seu patrimônio. Agora, após apresentar as diferentes espécies de investimentos no capítulo 3 (de renda fixa, renda variável e outros investimentos – aí incluídos os PGBLs, VGBLs, moedas, ouro e imóveis), **apresentaremos um método totalmente prático e concreto para que você implemente a acumulação de seu patrimônio.**

O método que será aqui apresentado foi inicialmente apresentado por Benjamin Graham em seu livro "O Investidor Inteligente" publicado inicialmente em 1949 e que até hoje é considerado como o livro de referência da matéria. Em seu livro, Graham, além de indicar critérios específicos para identificar a compra de ações em um momento oportuno (baratas – quando parâmetros de avaliação fundamentalista assim o indicarem), também aconselha o investidor inteligente de como deverá alocar seu capital:

> Por causa das incertezas do futuro, o investidor não pode colocar todos os seus ovos na mesma cesta, seja na cesta de títulos [renda fixa] (...), seja em uma cesta de ações (...). O maior dos riscos seria o de manter uma carteira composta exclusivamente de títulos. (p.79)

> Somos então levados a propor para a maioria de nossos leitores o que pode parecer uma fórmula exageradamente simplificada de uma divisão meio a meio. Segundo esse plano, a orientação geral é manter, tão perto quanto possível da prática, uma divisão igualitária entre títulos e ações. Quando as mudanças no nível de mercado tiverem aumentado o componente de ações ordinárias para, digamos, 55%, o equilíbrio seria restaurado pela venda de um undécimo da carteira de ações e a transferência da receita auferida para os títulos. Inversamente, uma queda na proporção de ações para 45% implicaria o uso de um undécimo do fundo de títulos para adquirir ações adicionais. (p.113)

**O importante, ao se analisar as palavras de Benjamin Grahan, é verificar que ele propõe um método que seja automático ao investidor amador para que, assim, ele não fique sujeito aos aspectos psicológicos dos investimentos** e, dessa forma, acabe por realizar uma decisão não objetiva. Isso parte do pressuposto de que o investidor inteligente entende que não sabe qual será o futuro do mercado (se as ações vão cair ou subir) e que, caso tente adivinhá-lo, acabará por fazer o pior possível: comprar no topo (pois, todos nesse momento estão em euforia – contagiando o investidor) e vender no fundo (pois, nesse momento, o mercado estará em pânico – sendo contaminado pelo sentimento de necessidade de venda imediata).

Ao compreender a importância de um método automático que elimine a tendência do investidor de jogar seu dinheiro fora, Maurício Hissa, conhecido como "Bastter", lançou o livro *"A Filosofia Bastter de Acumular Patrimônio"* em que aprimora as linhas gerais trazidas por Graham.

Primeiramente, deve-se montar uma **divisão geral de patrimônio que seja confortável ao investidor** (veja bem, apesar do objetivo do método ser tornar os investimentos autônomos – diminuindo o poder de escolha do investidor no dia a dia –, a planilha pode ser revista de tempos em tempos, de acordo com as mudanças de convicção e acumulação de conhecimentos sobre investimentos). Nesse sentido, **você deve montar uma alocação que deverá ser seguida mês a mês como objetivo de sua construção de patrimônio. Conforme você tolere mais ou menos as oscilações do mercado e conheça melhor os produtos, deverá colocar mais ou menos percentual em certos produtos.**

Assim, a carteira patrimonial para Graham seria:

| Produto ou Classe de Produtos: | Alocação percentual: |
|---|---|
| Renda Fixa: | 50% |
| Renda Variável: | 50% |

Quando o mercado de ações subisse muito (forte alta na bolsa), o investidor perceberia que estaria com 55% em ações e 45% de seu patrimônio em renda fixa. Deveria, aí, vender as ações (que estariam em alta) e comprar mais títulos de renda fixa (que estariam em baixa) – mantendo a carteira em 50% com cada classe de produtos.

No método de Bastter, entretanto, **o investidor não deve vender nenhum tipo de investimento que ainda preserve seu valor** (reveja a discussão sobre valor e preço que tivemos no capítulo 2 quando tratamos dos Princípios Básicos do Investidor amador). **O reajuste lento e gradual da adequação da carteira deve ser feito mês a mês** *apenas com dinheiro novo* **para se evitar os enormes custos com** *spread*, **corretagem e tributação. Também os percentuais devem ser decididos pelo próprio investidor de acordo com seu conhecimento sobre os produtos financeiros, seus objetivos e sua tolerância à variação constante dos preços no mercado.**

Por exemplo, um investidor muito conservador e inexperiente e (ou) que não deseja realizar o estudo necessário em renda variável pode definir sua carteira em 100% de produtos de renda fixa. Já outro investidor, com conhecimento e disposição para o estudo da renda variável (que, como dissemos, nem toma tanto tempo assim), pode definir seu patrimônio totalmente em renda fixa. Lembre-se que, na formação de patrimônio de longo prazo a reserva de emergência não consta na alocação patrimonial e deve se compor de produtos de renda fixa de liquidez imediata.

Podemos, para meros fins de exemplo, apresentar uma divisão de patrimônio hipotética e uma simulação do método de acumulação de patrimônio e diversificação de riscos:

| Produto ou Classe de Produtos: | Alocação percentual: |
|---|---|

| Renda Fixa: | 60% | |
|---|---|---|
| Tesouro Direto | 30% | |
| CDBs | 10% | |
| Debêntures | 10% | |
| PGBL | 10% | |
| Renda Variável: | 40% | |
| Ações | 30% | |
| FIIs | 10% | |

Suponha, então que, pela oscilação de mercado, o investidor, em determinado mês, verifique que sua carteira está (antes do investimento mensal) constituída da seguinte forma:

| Produto ou Classe de Produtos: | Alocação real (quanto o investidor efetivamente possui): | Alocação ideal (do quadro acima): |
|---|---|---|
| Renda Fixa: | 68% | 60% |
| Tesouro Direto | 38% | 30% |
| CDBs | 9% | 10% |
| Debêntures | 11% | 10% |
| PGBL | 10% | 10% |
| Renda Variável: | 32% | 40% |
| Ações | 19% | 30% |
| FIIs | 13% | 10% |

Vemos, em primeiro lugar, que o aporte mensal (investimento do mês) deve ser realizado em renda variável (pois está aquém do valor que se deseja em renda variável como alocação ideal). Dentro da renda variável, por sua vez, deve-se comprar ações – já que o percentual de FIIs supera o que se estipulou como meta.

Logo, todas as entradas que podem ser destinadas aos investimentos do mês (salário, aluguéis, dividendos, etc.) devem ser aportados em ações.

Para saber em qual das ações se deve aportar o dinheiro, utiliza-se o mesmo raciocínio de acordo com a alocação ideal e a alocação real do investidor. Mais uma vez fantasiamos os seguintes dados para facilitar a explicação do método. Suponha que o investidor tenha decidido que sua carteira de ações teria a seguinte alocação:

| Ação: | Alocação real (quanto o investidor efetivamente possui): | Alocação ideal (decidida após estudo do investidor – percentual da carteira de ações): |
|---|---|---|
| WEGE3 | 11% | 10% |
| CCRO3 | 9% | 10% |
| VALE3 | 10% | 5% |

| | | |
|---|---|---|
| ITUB3 | 5% | 10% |
| ETER3 | 5% | 5% |
| ABEV3 | 11% | 10% |
| HGTX3 | 4% | 5% |
| BRFS3 | 11% | 10% |
| GRND3 | 9% | 10% |
| EGIE3 | 12% | 10% |
| CIEL3 | 8% | 10% |
| PSSA3 | 5% | 5% |

Pelo quadro de ações, comparando-se o real com o planejado, temos que a ação que está mais distante do ideal é, nesse caso hipotético, a ação ITUB3. Nesse caso, o investidor possui apenas 5% da carteira, sendo que planejava 10%. Deverá, então, nesse mês, aportar nessa ação para eliminar ou diminuir a diferença entre o planejamento e a realidade.

Importante frisar que a diferença "a maior" (como no caso de VALE3 em que se planejava 5% da carteira, mas que o investidor conta atualmente com 10%) não deve ser corrigida pela venda do ativo e reaplicação na carteira (como sugeria Graham) para se evitar os custos com a movimentação de um ativo (no mínimo o spread, a corretagem e a tributação). A diferença, pelo método sugerido por Bastter, acabará sendo corrigida aos poucos – no decorrer de anos de aplicações e somente com o dinheiro novo do investidor.

**Bom que se ressalte, o que já foi dito em outras oportunidades do livro, que a venda de ativos de uma carteira patrimonial em construção só pode ocorrer quando o ativo perde valor – ou seja, perdeu a possibilidade razoável de gerar valorização ou fluxo de caixa adequado no futuro.** Essa análise é extremamente subjetiva e varia de acordo com o ativo em questão. Assim, empresas perdem o valor quando se acredita que elas são incapazes de gerar mais lucro adequado (em relação ao capital investido) no futuro. Imóveis perdem o valor quando se crê que não irão mais se valorizar e seu aluguel irá diminuir proporcionalmente no futuro. Títulos perdem o valor quando perdem a perspectiva de que irão ser pagos ou sua remuneração se torna incompatível com o mercado. Veja bem, essa não é uma análise do preço corrente do investimento (relativo às variações presentes e volatilidade de cada produto) e sim de seu valor intrínseco (que diz respeito ao futuro).

**Em todos os casos, quando o investidor decide que seu investimento perdeu o valor, deverá vendê-lo independentemente de outras considerações (como o preço de compra – tentativa de tentar "empatar o investimento"; perspectivas do mercado; etc.) e realocar seu patrimônio, seguindo o mesmo método acima exposto (como se fosse um dinheiro novo do mês).** Isso se dá devido ao fato de que mesmo nas hipóteses em que o investidor tenha que se desfazer de uma alocação patrimonial em prejuízo, como esse produto perdeu seu valor, a tendência é de que, quanto mais tempo demore para realizar essa venda, mais seu investimento diminua de preço. Caso ele realoque em algo que tenha valor, enquanto seu investimento antigo continuará a perder o valor (e o preço), seu novo investimento assumirá a trajetória ascendente – pois possui o valor intrínseco necessário à composição de um patrimônio bem escolhido.

Essa metodologia é bem explicitada no livro supramencionado de Bastter e pode ser implantada por ferramenta em seu site da internet (*www.bastter.com*) – o que recomendamos.

É importante frisar que o investidor amador pode seguir a metodologia aqui apresentada integralmente ou mesmo aproveitar pontos que acha interessante e criar seu próprio formato de investimentos. **O grande problema da metodologia própria é que, em maior ou menor escala, quando o investidor abandona o método de simplesmente corrigir seu planejamento de construção de patrimônio com a alocação do dinheiro novo no objetivo que se encontra mais defasado, estará, invariavelmente, tentando acertar o cenário que verifica como mais provável.**

Nesse sentido, o prêmio Nobel de economia, Daniel Kahneman, afirma que o investidor amador (e mesmo o profissional de finanças que atua nos investimentos) está sujeito a uma série de erros oriundo da ilusão cognitiva e vieses de julgamentos (ou equívocos – *"biases of judgment"*) inerentes ao ser humano. Assim, as pessoas, quando analisam possíveis aplicações e investimentos, tendem a se portar com excesso de confiança; excesso de otimismo; atribuem a um fato imprevisível, após sua ocorrência, explicações lógicas e criam a ilusão de que eram previsíveis; racionalizam eventos aleatórios para justificar aplicações financeiras; pagam valores desproporcionais por riscos pequenos; focam em ganhos e perdas e não no patrimônio como um todo; têm aversão à perda desproporcional ao amor ao ganho; não diferenciam grandes aplicações de pequenas apostas em relação ao risco; falam que seguem uma política de longo prazo mas fazem aplicações de curto prazo; e não possuem um compromisso constante com a visão ampla e geral da construção de seu patrimônio e de sua independência financeira. Dito de outra forma, o psicólogo afirma que, se agirmos conforme nossa percepção equivocada do mercado, acabaremos por fazer justamente o contrário do correto por razões subjetivas: compraremos no topo e venderemos no fundo.

Por conseguinte, caso você deseje seguir a metodologia de acumulação de patrimônio à risca, pode ter certeza que, no longo prazo, os ajustes automáticos com o dinheiro novo gerarão a compra correta (em média) – pois, quando o percentual de certa alocação cair, esse investimento se distanciará do objetivo estabelecido, gerando a necessidade de compra (no fundo – ou seja, barata) de mais ativos desse tipo. Quando, ao contrário, o mercado do respectivo ativo subir, seu percentual ultrapassará a quantidade planejada inicialmente, não havendo a necessidade de compra com o dinheiro novo (o que impede a compra no topo).

A consciência desse mecanismo é mais importante do que a aplicação estrita do método – devendo o investidor amador, de tempos em tempos, fazer um exame de consciência de suas últimas decisões financeiras de aplicações e se foram pautadas nos princípios acima elencados e no método de acumulação de patrimônio e diversificação de risco descrito.

Finalmente, gostaríamos de deixar algumas palavras finais. Como dissemos no início da obra, **entendemos que o sucesso na empreitada da independência financeira depende de dois fatores: o conhecimento e a prática.** No livro, procuramos apresentar de modo completo, simples e direto tudo o que consideramos básico (e que efetivamente utilizamos em nossa vida pessoal) para o investidor amador. Agora, de nada adianta a acumulação de conhecimentos sem o real compromisso com a prática quotidiana de uma vida financeira saudável.

Fica, então, nosso registro de que o leitor deve se preocupar mensalmente em verificar se está genuinamente colocando em prática as atitudes que, no longo prazo, gerarão sua tranquilidade patrimonial absoluta.

**Para auxiliar o leitor nessa empreitada, queremos estar ao seu lado**. *Assim, para entusiasmá-lo e ajudá-lo, criamos nosso site www.investindosemmisterio.com.br (que contém diversos artigos, vídeos e podcasts explicativos dos temas aqui trabalhados), nossa página do Facebook (www.facebook.com/investindosemmisterio) e nosso grupo fechado de discussão (www.facebook.com/groups/investindosemmisterio) em que todos podem contribuir em dúvidas e proporcionar apoio na caminhada. Fica o convite para se cadastrar e implementar o conhecimento em seu dia-a-dia.*

Muito obrigado pela leitura e espero seu contato nas redes sociais!

www.ingramcontent.com/pod-product-compliance
Lightning Source LLC
Chambersburg PA
CBHW020930180526
45163CB00007B/2961